星稜中学校野球部の最強チームづくり

〝人間性も野球も日本一〟

はじめに

私は石川県で生まれ育ち、星稜中学校・高等学校へと進学した。もともと両親が名門「星稜」に憧れていたこともあるし、私自身も将来は星稜高の名将・山下智茂先生（現・名誉監督）のもとで野球がやりたいと思っていた。そして両親からは「高校で野球をやるのであれば、せっかくだから星稜中に入って内部進学をしたらどうだ」と。当時の星稜中は山本雅弘先生（現・遊学館高監督）が監督になったばかりのタイミング。まずは中学でしっかりと体力や技術や精神力を身につけ、高校に上がったら山下先生のもとで人生の修行も兼ねて野球をやればいいんじゃないか。そんな両親の勧めが、私のターニング・ポイントとなった。

高校卒業後は本格的に指導者の道へ進むため、金沢星稜大学に通いながら星稜高のコーチを務めさせてもらった。そして教員となり、星稜中へ赴任して監督就任。私の人生において星稜はとても大きな存在であり、星稜がなければ今の姿はない。

星稜での中高6年間を通じて、私が学んだのは人間性だ。特に高校時代、山下先生は野球の技術どうこうよりも、私たちの人間性の部分を重視して厳しく指導されていた。そもそも星稜の母体である稲置学園の建学の精神は「誠実にして社会に役立つ人間の育成」。それを土台にしたものが〝山下野球〟であり、目指すべきは「人間形成の野球道」だと思っている。

さらに大切な仲間とも巡り会い、死に物狂いで切磋琢磨したことで絆が生まれた。高校ではみんなの心を1つにして甲子園を目指し、在学中は春夏2回ずつの出場も経験できた。人間教育を通して勝つ喜びや学びを次世代にもぜひ伝えていきたい。その想いが私の指導者としての原点だ。

星稜での教訓を胸に抱き、中学軟式野球の世界に身を投じて20年超。この本では、私がこれまで中学生を指導する上で大事にしてきたことや、星稜中のチームづくりにおけるポイントなどを紹介させてもらっている。それがみなさんの参考に少しでもなれば、すごく嬉しいと思っている。

人間性も野球も〝日本一〟

第2章　組織づくりのノウハウ……43

第3章　試合で勝つための戦略

第4章　野球の技術の習得

第5章　中学軟式が秘める可能性と役割

全国制覇
人間性も野球も日本一を目指す
全国の頂点に立つ練習を！
絆

装丁・本文デザイン／浅原拓也
構成／中里浩章
協力／五田祐也
写真／ベースボール・マガジン社

第1章　子どもの指導と人材の育成

まず人間性を重視するのが星稜中の野球。〝人間形成の野球道〟が脈々と受け継がれている

野球部の心構えは「人間性も野球も日本一」

私が星稜中の野球部で指揮を執るようになり、今年で21年目を迎えた。その間、指導方針は一度もぶれたことがない。

「人間性も野球も日本一を目指す」

グラウンドのバックネットにもこの言葉を掲げており、〝人間形成の野球道〟を基本と考えている。

もちろん、野球における目標は全国大会の優勝だ。しかし学生である以上、まず重視しなければならないのは

グラウンドの敷地内に立つ全国優勝の石碑。過去7度の日本一のうち4度は田中監督が導いたものだ

学業。何事も野球を中心に過ごすのではなく、まずは学校での活動に慣れ、勉強や行事などにしっかりと向き合うことが大切になる。そして家庭での過ごし方も含めて、日常生活で当たり前のことを当たり前にできるようになること。たとえば挨拶や返事であったり、身だしなみや整理整頓であったり。また、人に対する言葉づかい、人を思いやる気持ち、何事にも全力で取り組む姿勢、自分のことはできるだけ自分でする習慣……。その部分がしっかりできていなければ野球は絶対に上手くならないし、チームも絶対に強く

はならない。

中学校の野球部というのはあくまでも「野球」という教科書を使って指導をしている部活動であって、目的は将来ある子どもたちの人間形成なのだ。これを土台としているからこそ、先ほどの指導方針の表現にしても「野球も人間性も」ではなく「人間性も野球も」という順番になる。人間教育なくして、日本一はない。私はそう信じている。

星稜中は中高一貫の私立校で、ほとんどの生徒が星稜高へと進学する。嬉しいことに高校野球界でも全国区の強豪として認知されており、星稜中から進んだ選手たちもこれまでにたくさん活躍してくれた。ただ、それゆえに「星稜中はいい選手（小学生）を集めているから勝っている」と誤解されることも非常に多い。

実際のところで言うと、星稜中の入試は学力の水準が高く、またスポーツ推薦制度もないため、いくら野球の上手い子が入部を希望してくれたとしても合格できるとは限らない。学童野球のスーパースターたちが受験をした結果、壁に跳ね返されたということも何度もある。さらに近年は生徒に求める学力レベルが上がったため、入学はかなりの狭き門となった。つまりご縁があって合格し、野球部に入部してくれた子を育てていくしかないわけだ。

だが、それでも実際に全国大会出場を何度も重ね、日本一になることもできた。全国のスーパースターたちがバンバン入学できるような環境であれば、たしかに野球が強くなって日本一になれる可能性はより高まるのかもしれないが、どんな選手であろうともカギを握るのはやはり、人間性がともなっているかどうかだと思う。試合に出ようが出まいが、ベンチに入ろうが入るまいが、全員が一人の人間としてどうあるべきかを考えながら毎日を過ごしていく。この柱がぶれることは絶対にない。

私は選手たちとその保護者の方々に、あらかじめ「星稜は野球学校ではありませんよ」とも伝えている。子どもたちが「将来はプロ野球選手になりたい」とか「野球が上手くなりたい」といった想いを持つのは当然のことだろう。ただ、それを一番の目的としているのであれば、「違う学校に行ってください」と。理由はもちろん、野球がすべてだと考えてほしくないからだ。

断っておくが、練習を積んで野球の技術を磨いていくのはとても大切なことだ。しかし、そうした子どもたちの成長を支えるのはやはり心の部分。私たちは人間の体を借りているだけであって、そこにどんな魂が宿っているかどうかによって成長の度合いは変わってくるのだ。人間性を重視して魂を磨いていかなければ技術の伸びも「ある程度」で止まってしまうし、小さい頃から野球をすべての物事の中心として考え続けてきた結果、その後の人生で大きな挫折を味わうことになってしまうというケースも決して少なくない。

私は子どもたちに将来、そういう想いをしてほしくない。だからこそ常にこう問う。

「練習と向き合う態度はどうなの？」

「感謝の想いを持って取り組んでいるの？」

「野球は思いやりやマナーが大切なスポーツなんだよ。自分さえ良ければそれでいいと思っているなら個人スポーツをやりなさい」

ありがたいことに星稜中野球部から巣立った選手たちは、大人になって社会に出ても大いに活躍してくれている。プロや社会人の世界まで進んで野球を続けている子もいれば、警察官や消防士、学校の先生など、世のため人のために頑張っている子もたくさんいる。何も、野球が上手くなって選手として活躍することだけが成功ではないし、それが最終目標ではない。大事なのは、野球を通した人間づくり。そして、その過程で必ず野球は上手くなっていくし、日本一に近づいていく。その想いを理解してくれる人にだけ、入部を勧めるようにしている。

ルールやマナーを教えて我慢強さを養っていく

大人になって社会に出たときのために、いかに準備をさせてあげられるか。それが私たち指導者にとっての大きなテーマだと思っている。

幸い、野球というのは人生の縮図のようなスポーツだ。どんなにいい打者でも打てたとして3割で、7割は失敗。また投手にしても100％狙ったところに投げるというのは難しく、人生と同様で自分の思い通りにならないことのほうが多い。そんなたくさんの失敗をみんなでカバーし合い、協力して得点を重ね、失点を防いで勝利に向かっていくのが野球。だからこそ、まずは感謝と思いやりの心を持ち、ルールやマナーを理解してその中で我慢することを覚えなければならない。ときには理不尽に感じることもあるだろうが、最初から「俺が、俺が」と自分の意見を主張するのではなく、周りの声に耳を傾けること。相手の話をしっかりと聞き、相手を傷つけないように襟を正しながら自分の話をすることが大切だと思う。

日頃のミーティングにおいて、私はそういう話を何度もしている。

思春期・青年期にいる中学生は多感で、指導が非常に難しい年代と言える。だがその一方、いろいろなことをスポンジのようにすぐ吸収してどんどん成長していける年代でもある。こちらが〝人としての大切な部分〟を根気強く説明することで、子どもたちの立ち居振る舞いも変わってくるのだ。

実際、これまでの教え子たちも中学での3年間を経て、挨拶の仕方や普段の歩き方なども含めて、どこか凛としたオーラが感じられるようになっていった。そして、私たちと大人の会話ができるようにもなっていった。特に新入生が入部したときに3年生の姿などを見てみると、体つきも心構えも明らかに違うというのがすぐ分かる。年

感謝や思いやりの心を持ち、ルールやマナーを理解していくことで、星稜中の選手たちは人として成長。そしてチームとしても強くなっていく

齢的にはほんの少しの差かもしれないが、1年ずつの積み重ねというのはやはり大きい。

野球部に入部した子に対しては、規律をしっかり守るように促す。部内のルールはたくさんあり、たとえば目上の人に対して普段からしっかり挨拶をすること。自転車に乗っている場合であればいったん止まり、きちんと降りてヘルメットを外してから挨拶をするようにしている。グラウンド内での全力疾走も決まり事。また、道具を大事にすること。清掃や整理整頓なども重視しており、バッグや靴、駐輪場の自転車などもキレイに並べる。そもそも野球はチームスポーツであり、みんなの心を1つにしなければならない。そのための第1歩としても、「並べる」「揃える」という習慣をつけることが大切だと私は思う。

さらに、携帯電話（スマートフォン）についてもルールがある。

そもそも星稜中の現状としては、学校全体で携帯電話の持ち込みが禁止されている。もちろん、私学なので遠方の地域から来る生徒もおり、安全性を考えていつでも連絡が取れる状況にしたほうがいいという意見も理解はできる。ただ、校内では教育用のタブレットを1人1台ずつ持たせているため、家族とのメールやインターネットでの調べ物などは可能。コロナ禍で休校になったときもオンラインで授業を行ったり、野球部でもプレーの動画を送ったりしており、タブレットで十分に対応できている。

携帯電話がすごく便利なことは承知しているが、持っていればどうしても使いたくなるもの。授業中にスマホで遊んでしまうことも出てくるだろうし、SNSなども含めてさまざまなトラブルに巻き込まれる可能性も十分にある。メリットよりもデメリットのほうが大きいので、野球部としても持ち込みは禁止している。

家でのテレビゲームなどにも制限をつけており、ゲーム機を回収したこともある。こちらは決して強制しているわけではない。ただ、夢中になってやっていればどんどん目が悪くなり、少なからず野球にも影響が出てしまう。また、一日はどう頑張っても24時間しかない。テレビゲームが悪いわけではないが、そこに費やす時間を家での素振りや読書などに充てることができれば、より選手として成長できるだろう。

したがって、選手や保護者にはまずこう確認する。

「本当に日本一になりたいんですか?」

ここで「どうしてもなりたいんだ!」という覚悟が見られれば、こちらも命懸けで指導することを約束する。そして子どもたちには「じゃあ家にあるゲーム機などをいったん預からせてもらう。何か我慢するものがないと日本一にはなれないよ」と。本当にテレビゲームをやりたいのであればやっても構わないが、その瞬間、日本一になれる可能性はなくなる。そう説明すると、保護者の方々も「監督にぜひゲーム機を預けます」と言って、実際に大量のゲーム機を持ってくる。最終的には返却するわけだが、子どもたちにルールを守らせて我慢強さを覚えさせるためには、それくらい徹底しなければいけないと思う。

精神的に強くなるためにも自分のことは自分でやる

昨今の子どもたちは精神的に幼くなってきていると思う。

これは時代の流れもあるので、仕方がない部分もある。情報化社会になり、モノが溢れて便利になり、食べ物や飲み物が充実した食生活を送り、子どもの頃から恵まれた環境で育ってきた人たちがちょうど親の世代になったことで、子どもにモノを与えすぎる世の中になってきた。そして、普段から子どものことを親が何でもしてしまうので、親離れ・子離れができていない。新入生を見ていても、そういう子が非常に多い。

もっと言うと、打たれ弱くてすぐ泣いてしまうような子が多い傾向にある。もちろん、その中には「なにくそ！」と向かっていける子もいるのだが、最近は本当に少ない。社会が豊かになった分、そこに慣れてしまって心が育っていないのだ。

では、人間的な強さを持った子を育てるためにはどうすればいいか。私は「自分のことはできるだけ自分でしっかりやらせる」という環境づくりが大切だと思っている。

星稜中の野球部では基本的に保護者の送迎はNG。雨が降ろうが槍が降ろうが、時間に遅れてもいいから必ず自分の足でグラウンドに来ること。これは徹底している。

さらに、洗濯や身の回りの整理整頓を自分で行うことも促している。そして、遠征をするときなどはその部分をしっかりチェック。特に洗濯物の畳み方やご飯の食べ方、部屋の整理整頓などにはいつもの習慣がハッキリと表れる。そこで「できていないな」となれば、すぐにその選手の親に電話をして、普段から厳しく目を光らせてもらうようにする。そうやって、少しでも自立できる方向へと導いている。

親が子を可愛がる気持ちはすごくよく分かるし、私もできることならいつも優しくしてあげたい。だが子どもの将来のためには、ある程度の厳しさを持って接してあげることも大切だ。まして中学1年生の段階ではまだ、して良いことと悪いことの判断がついていない子も多い。言葉遣いが乱暴だったり、平気でウソをついたり人を傷つけたりと、人としてやってはいけないことをすることもあるので、ときには雷を落とす必要もあるだろう。私も高校時代、山下先生のもとで人間性について厳しく育てられたから今があると思っているし、善悪の判断において絶対に妥協はできない。

雷の落とし方については、昔は打たれ強い子も多かったので頭ごなしにガツンと怒鳴ることも多かったが、今は3回まで我慢している。お互いの信頼関係がしっかり構

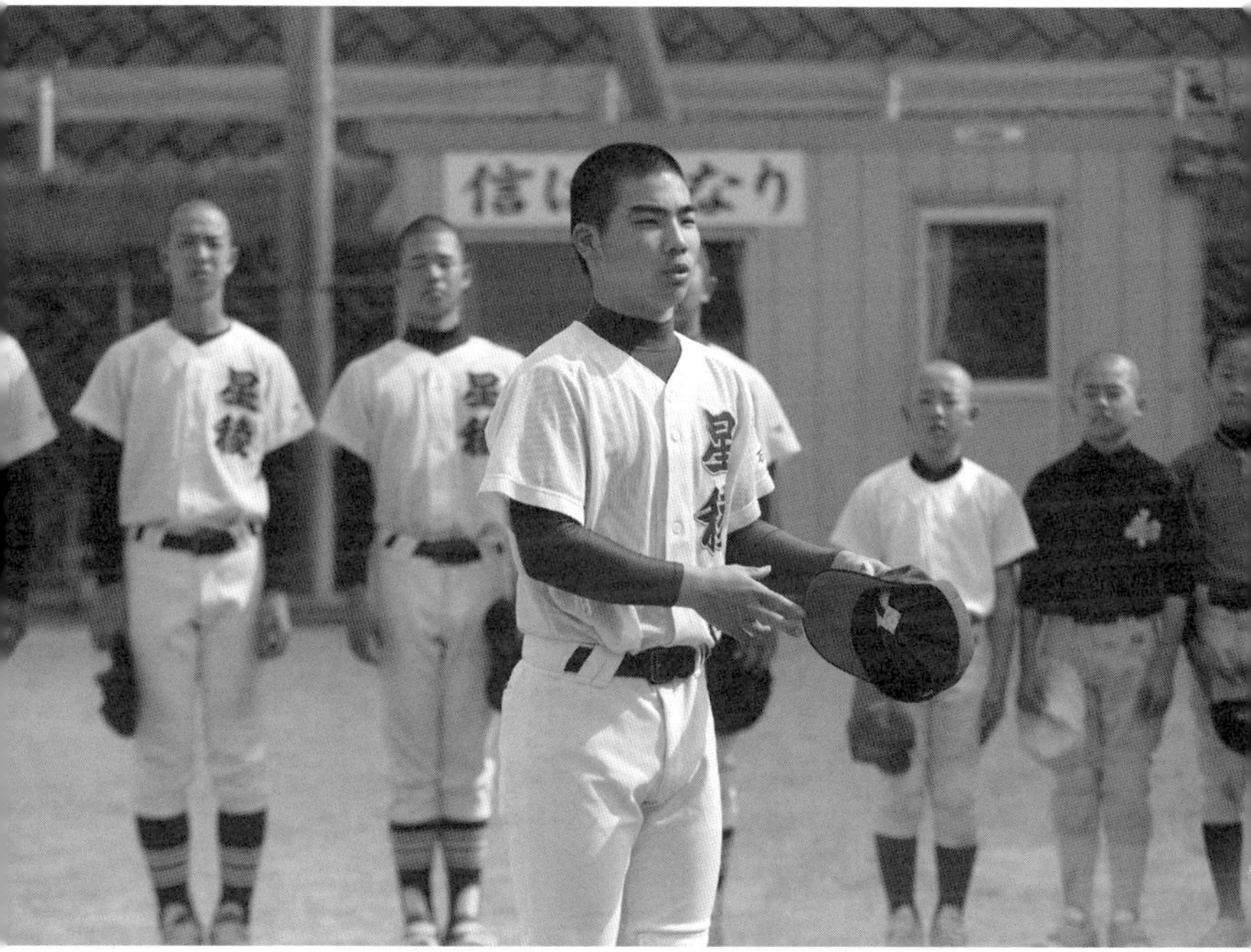

中学生の世代では、まず親から離れて自立していくことで精神的な強さが生まれていく。指導者が厳しく接するのも彼らの将来のためだ

築できていなければ、雷を落としても逆効果。だから、まずは優しく接しながらコミュニケーションを取っていき、ある程度は泳がせておくのだ。そして保護者と協力関係を築くことも必須。雷を落とす際にはまず親に一報を入れ、「こういうことがあったので私のほうから厳しく注意させてもらいますね」と説明をする。そうすれば、たとえ叱られた本人が納得しないまま帰宅して親に愚痴をこぼしたところで、すでに事情を知っている親はフォローを入れる役目に回ってくれる。子どもの愚痴をすべて真に受けてしまい、一緒に腹を立てて抗議をしてくるといったことはなくなる。

心のつながりが希薄な今の時代だからこそ、いかに子どもとコミュニケーションを取り、いかに親の理解を得られるか。これは大きなポイントだと思う。

ちなみに昔と今の変化で言うと、いわゆる〝野球小僧〟も少なくなったと思う。

野球が上手いか下手かは別として、ヒマさえあればバットで素振りをしたり、グラブとボールを握っていたり。それくらい野球に夢中になっている子がたくさんいるチームというのは、間違いなく強い。頭のどこかで常に野球があるので、たとえば携帯電話やタブレットなどを与えても節度を持って使えるし、遊びに行ってもトラブルを起こすことはない。練習にも自主的に取り組み、「もっと上手くなりたい」「試合で負けたくない」「日本一になりたい」といった向上心がどんどん出てくる。さらに、練習開始の1時間前にはグラウンドに来て体を動かして準備をしたり草むしりをしているなど、1つずつの行動の意識も高い。そして何より、そういう選手は目の輝きが違う。

逆に1人でも取り組み方が甘い子がいると、だんだんそちらに流されていく子も現れ、チーム全体が傾いてしまう。だからこそ、いかに〝野球小僧〟を増やせるか。これまでの経験を通してもやはり、勝つときのチームにはそういう選手が多い。

小さいことを積み重ねて徳を持った人間になる

日本一になるためには、ただ強いチームをつくればいいというものではない。選手たちやそれを支えている親御さんたちが徳を持っているかどうか。また、普段から徳を積んでいるかどうか。因果応報という言葉ではないが、良い種を撒かなければ良い芽は出ないし、立派な花も咲かない。

私は子どもたちにいつも「世のため人のために尽くしなさい」と言っている。ゴミ拾いをして少しでも街をキレイにしたり、当たり前のことだが家族や仲間も含めて自分の周りの人たちを大切にしたり。またグラウンドや道具も大事に使い、手入れなどもしっかりと行う。そういう小さなことを積み重ねていれば、野球の神様もしっかり見てくれている。そして、たとえばイレギュラーバウンドをしたゴロがグラブに入ったときなどは、「いつもグラブを大事にしているから今の難しい打球を捕れたんだよ」などと伝えている。

大事な公式戦の勝負をかけたい場面で「誰を使おうかな」と考えたときも、私は野球の能力ではなく徳を持っているかどうかを基準にして選ぶ。最後はどの選手と失敗しようかな……。誰とだったら失敗しても悔いはないかな……。そんな発想で起用するので、周りからは「なんであの選手が出てくるんだろう」と疑問に思われることもある。ただ、自分の中で覚悟はできているし、子どもたちにも「俺はコイツと失敗するけどゴメンな」と話している。彼らも実際に普段の行いを見ているから納得せざるを得ないし、「星稜中では人間性が良くないと本当に試合で使われないんだな」と理解してもらえる。

さらに、そうやって起用した選手というのは不思議と結果をよく残してくれるのだ。

たとえばあるとき、自宅から学校までの道のりでずっとゴミを拾い続けている子がいた。電車が来るまでの時間は駅の周辺に落ちているゴミも拾っていたそうで、学校に「星稜中野球部の子が毎日ゴミを拾ってくれている」と連絡が入った。その姿に感心した人が声を掛けて名前を聞いても、本人は「僕が勝手にやっていることなので……」と言って名乗らないとのこと。気になった私はひそかに調べて現場へ見に行くと、人間的にもしっかりしている小俣諒侑（現・星稜高3年）だった。野球は決して上手いほうではなかったのだが、私は彼をベンチに入れた。そうするとベンチ内の雰囲気がものすごく良くなり、また彼自身も大事な場面での代打として送りバントを決めたり、タイムリーヒットを打ったりもした。結果、決して力のある世代ではなかったが、当時のチームは全国大会まで出場できた。

私は今までにそういう経験を何度もしてきた。だから「野球の神様は必ずいる」と信じている。

また、特別に宗教を信仰しているわけではないが、神仏を敬うことも大切だと思っている。毎年、お盆の時期には「この日は練習を休みにするからお墓参りに行きなさい」「祖父母の家に行って仏壇に手を合わせてきなさい」とも言う。さらに「お花も買ってお供えするとありがたいよな」とか「お線香の1本でもちゃんと上げたらいい練習になるぞ」と付け加える。

実際、そうやってご先祖様に心を込めて挨拶をすると、次の日からすごくいい練習ができるようになるものだ。お花を供えてお線香を上げるとなればご先祖様も喜ぶだろうし、お盆に孫が顔を見せてくれたということで祖父母にも喜んでもらえる。また家族揃ってお墓参りができたということで、結果的に各家庭が野球部の活動そのものにもさらに理解を示してくれるようになる。

そもそも、私たちはご先祖様がいて家が代々続いてきたからこそ存在できているわ

初代監督を務めた福村氏の墓が星稜中学校野球部をしっかりと見守っている

けで、その命のリレーを絶やしてはいけない。子どもたちには「目に見えないところでご先祖様がキミたちを守ってくれているんだよ」と伝えており、だからこそお墓や仏壇、神社やお寺など、その家に代々受け継がれてきたものは大事にしてもらいたい。

また私が中学2年生のとき、星稜中野球部の初代監督である福村敏宏先生がお亡くなりになった。そのお墓がグラウンドの敷地内にあり、練習試合や大会、遠征に出るときなどは必ず「練習の成果を発揮してケガなく帰って来られますように」とお参りをしている。そして帰ってきたら、墓前で保護者も交えてミーティングをすることで報告する。

先人を敬い、伝統を大切にする。これが日本の教育の素晴らしい部分だと思うし、現にそういうことを重視してきた結果、私たちは全国大会に続けて出られるようなチームになっていった。

伸びる選手の共通点は野球に取り組む姿勢

これまでの教え子たちの中で、私が別格だなと感じた選手が3人いる。

1人目は北村祥治。中3の夏に全中（全国中学校大会）で優勝を果たして星稜高へ。卒業後は亜細亜大へ進学し、キャプテンを務めて日本一にも輝いた。その後は社会人野球の名門・トヨタ自動車でも日本一に貢献。現在も内野手として第一線で活躍している。彼は中学時代からものすごく努力家で、周りからの信頼も厚い選手だった。

2人目はその弟の北村拓己。星稜高、亜細亜大を経て現在は読売ジャイアンツで内野手としてプレーしているが、彼もやはり取り組む姿勢が素晴らしく、小・中学、高校、大学ですべてキャプテン。また野球センスも抜群で、体格も含めて身体能力は兄以上だった。北村兄弟は毎年、シーズンオフの冬になると星稜中のグラウンドに来てくれる。私の厳しさや野球観などもすべて知っており、よく「中学時代に教わったことが今も基本になっています」と言ってくれる。

そして3人目は内山壮真。中学時代には捕手や遊撃手として日本一を達成し、星稜高の2年夏には甲子園準優勝。昨年のドラフトで東京ヤクルトスワローズから3位指名を受けて入団した。もともと小柄で線も細いタイプ。ただ幼少期から空手をしていたこともあって体幹が強く、体の使い方も上手だった。彼は体が小さいことを自分でも理解していて、練習ではいっさい手を抜かず、人の意見にもちゃんと耳を傾けて常に成長を目指していた。また責任感も強く、チームメイトがミスをしたときは「俺が最後に決めてやるからどれだけ失敗してもいいぞ」と言ってしまえるほど、器の大きな選手だった。

この3人に共通していたのは、やはり人間性の部分だ。「夢や希望や感動を与えられるような選手になる」という志を持って過ごしており、精神面では芯があって非常に我慢強く、トレーニングで体を強くし、さらに地道な基礎練習を積み重ねて技術の土台も身につけていった。だから大きなケガをすることなく、その先の世界でも活躍できているのだと思う。そして、彼らは監督やコーチが「もう練習しなくていいよ」と言っても、自分が納得するまで追求していた。その姿を見た仲間が「もっとやらなきゃいけない」となり、チーム全体の意識も上がっていくのだ。

私は選手たちによく「監督やコーチを超えなさい」と言う。大人の指導というのは結局たかが知れているものであって、指導者の指示を待っているようではダメ。選手が指導者以上に熱い気持ちを抱き、内容の濃い練習をしなければ勝てないのだと。北村兄弟や内山の姿は、それをまさに証明してくれている。

一方、伸び率が高かった選手として名前を挙げたいのは、現在は千葉ロッテマリーンズでプレーしている岩下大輝。彼は中学時代から能力の高い投手で、体も大きくて投げる球も速くバッティングも良かった。ただ〝お山の大将〟の感覚で入学してきたため、私は何度か野球部を辞めさせている。当時は暴投をしても謝らず、捕手に向かって「何やってんだよ。しっかり捕れよ」という態度を見せるタイプ。また野手がエラーをするとすぐマウンドを蹴って、周りを責めるような〝嫌なオーラ〟を出していた。

そのとき、私は彼にこう言った。

「お前がどれだけすごい選手なのかは分からないけど、チームにそういうエースは要らない」

彼はその後、深く反省して、親と一緒に謝りに来た。そして最後まで話し合い、復帰後は自分の非を素直に認められるようになり、ようやく大人の考え方へと成長していった。

卒業後は星稜高でドラフト候補として注目を浴びるようになり、見事にプロ入りをしたわけだが、それは彼自身の努力もさることながら、やはり人のことを思いやれる人間になったことが大きいと思う。本人も年末年始などに「監督〜！」と言って顔を出しては選手たちの輪に溶け込み、「あのときは本当に僕が悪かった」という話もしてくれる。

高校3年夏の石川県大会決勝、小松大谷戦では0対8の9回裏に9点を取って優勝するという奇跡の大逆転劇で話題にもなったが、そのときも彼はニコニコしながら清々しい表情を見せていた。「俺が、俺が」ではなく「誰かのために」という感覚で投げていたとも思うし、当時のチームのスローガンは「必笑」。勝ち負けにあまりとらわれず、「みんなで楽しくやろうぜ」というオーラで溢れていたような気がする。

なお、彼の世代は実は中学野球でも最後の夏、横浜スタジアムでの全国大会（全日本少年大会）で大逆転劇を経験している。竜王ジャガース（滋賀）との1回戦、0対0のまま7回を終えて特別延長戦へ。8回に2点ずつを取り合って迎えた9回表、私たちは無死満塁から岩下の走者一掃の長打などで4点を勝ち越した。9回裏の守備では1点差まで迫られるも二死を取り、次打者の打球がセカンド後方へのフライ。この瞬間、私たちは「勝った」と思った。ところが、打球を追ったセカンドとセンターがぶつかって落球。これで一気に走者2人が生還し、6対7で敗れてしまった。

高校での〝奇跡の大逆転劇〟には、星稜中から進学した子たちも多く出場していた。中学時代にセカンドとして落球に絡んだ横山翔大などは、高校でキャッチャーとなり岩下とバッテリーを組んでいた。野球は最後のアウトを取るまで何があるか分からない。そう肌で感じていたからこそ彼らは諦めずに戦えたのかなと思うし、1球に対する想いの強さが活躍につながったんじゃないかとも思う。

厳しさと優しさを使い分けメリハリをつけて選手と接する

現代の子どもたちは精神的に弱くなっていると言ったが、では選手たちとはどうやって接していけばいいのか。私の場合はメリハリをつけるようにしている。

昔の私を知っている人から最近よく言われるのは、「だいぶ丸くなりましたね」。歴代のOBも「僕らのときはあんなに厳しかったのに。これでは〝田中野球〟じゃなくなっちゃいますよ」と口を揃えて言う。たしかに、昔は選手たちにとにかく厳しく接して妥協を許さなかったし、ときには理不尽な指導もしてきた。それは社会に出たとき、苦しい環境の中でも立ち向かっていけるだけの人間に成長してほしいという想いからだ。

ただ、当時の選手は心も体も強かった。どんなに失敗しても下を向かなかったし、どんなに厳しく叱られても必死に食らいついてきた。その一方で、今の選手は失敗することを恐れ、叱られたらすぐに心が折れてしまう傾向にある。そこで徹底的に厳しさを追求していたら、おそらく子どもたちはどんどん辞めていってしまうのではないかと思う。だから昔は「9割叱って1割褒める」という感覚だったのが、今ではちょうど半々か、むしろ6割くらいは褒めるほうに傾いているかもしれない。

とは言え、中学野球は義務教育の範囲内にあり、その一環として考えると、何でもかんでも甘やかすというのも子どもたちのためにならない。褒めるところはちゃんと褒めながらも、やはり厳しくするところはちゃんと厳しくする必要がある。そのために大事なのは選手と監督の信頼関係だ。昔の選手たちが私についてきてくれたのも信頼関係ができていたからだと思うし、今の選手たちとも信頼関係ができていれば、いざ厳しくしたときにも「自分のために言ってくれているんだな」という想いは伝わると思う。そして選手が監督を信頼してくれていれば、その親も信頼して理解を示して

とにかく厳しかった指導から、厳しさと優しさを使い分ける指導へ。時代に上手く合わせながらも、確固たる信念を持って田中監督はチームをつくっている

くれる。

メリハリという部分では、私は普段の練習や練習試合では選手たちをとことん追い込み、大会の試合では「監督、今日は優しいな」と思われるような対応をしている。

グラウンドでは常に「監督がいると絶対に失敗できないな」という雰囲気をつくり、精神的に追い込まれた状況の中でエンドランやスクイズを一発で決めるといった練習などをする。失敗すれば連帯責任となり、その場で走り込みが始まる。また練習試合では基本的に、ミスをしたらすぐ交代。選手たちからすれば、おそらく私がその場にいるだけでプレッシャーを感じているだろう。ただ、これを普段から習慣づけておけば、大舞台ではものすごく楽に戦えるのだ。公式戦になると私は選手たちをプレッシャーから解放し、たとえば大事な送りバントを失敗したとしても「いいよ、いいよ」と言ってニコニコ笑っている。それを見た選手たちは逆に「しっかりしなきゃダメだな」と感じ、自ら気を引き締めて臨んでくれるようになる。

また、グラウンドの中と外でも接し方は変えている。

私は「ユニフォームは戦闘着だ」と話しており、ユニフォームに袖を通した瞬間やグラウンドに足を踏み入れた瞬間に「厳しい自分」のスイッチを入れる。逆に学校などで選手たちと接するときは「優しい自分」になり、最近では「お前ら、1回ウチに遊びに来いよ」などと誘って家での姿も見せるようにしている。生徒指導の仕事なども任されているのでもちろんガツンと叱ることもあり、一般生徒からも「厳しい先生だ」という目で見られている部分はあると思うが、野球部の生徒からすればむしろ甘いほう。それくらい、グラウンドと学校での人格は別物にしている。

近年、私はあえて自分の人間らしい部分を見せて、選手たちに対して隙をつくるようになった。もともとは厳しく接している手前、自分の弱さや甘さを絶対に見せないようにしてきたのだが、結婚して子どもが生まれてからは親の気持ちになって考えることが多くなったのだ。また、グラウンドはチームにとっての聖地であり、以前は無駄に立ち入りをさせないようにしていたが、娘3人が「パパの働いているところを見たい」と言うので、家族をたまにグラウンドへ呼ぶようにもなった。

初めて家族がグラウンドに来たとき、私は娘から「言葉遣いが汚い」「あんなに怒っていたら怖くてダメだ」と言われた。その言葉でハッと気付かされた部分もあり、今は自分の指導について「こういう言い方をしたら傷付くだろうな」「こんな理不尽な指導だったら許せないだろうな」とよく振り返っている。常に厳しいことを言われ続けていると、子どもたちの心は苦しくなって潰れてしまうものだ。

幸い、今の選手たちは私が娘たちと話している様子を見ながら、「あんなに厳しい監督にこんな一面があったのか」「なんだ、やっぱり子どもには甘いんだな」などと思ってくれているだろう。そういう部分を見せて少しホッとさせ、心の余裕を持たせていくことも大事だと思う。

第2章　組織づくりのノウハウ

全員をフラットに見ながら納得できるメンバー選考をする

私たちの目標は〝全国大会〟や〝日本一〟に似合った、そして見合ったチームになること。そのためには土台となる組織をしっかりつくらなければならない。誰か1人でも別の方向を向いてしまっているようでは、チームとしての強さは生まれない。

私は「一球同心」という言葉が大好きだ。8年前、指導者講習会でお会いした大阪桐蔭高校の西谷浩一先生にその言葉の意味を教えていただいたのがきっかけ。西谷先生とは今でもメールなどで交流してアドバイスをいただいており、私にとっては尊敬する指導者の一人だ。

1つの白球に全員が同じ心を持つ。だから指導者としてはまず、全員をフラットに見てあげることが重要だと思う。平等性に欠けるとチーム内では必ず揉め事が起こるし、試合でも勝てなくなる。レギュラー、控え選手、マネージャーなどの裏方、保護者、学校の教職員、応援してくれる地域の方々……。みんなが「このチームを勝たせたい」という想いになり、その一丸となった姿で多くの人に勇気と希望と感動を与えられるチームをつくることが大切だ。

個人的な話をすると、私は星稜中時代に腰のケガを負ったため、星稜高では選手を断念してマネージャーとなった。そこで山下先生に厳しく育てていただいて今があるわけだが、これまでの経験からレギュラー選手の気持ちも、控え選手の気持ちも、裏方の気持ちもよく分かる。そして、レギュラーはこちらが放っておいても試合で活躍すれば注目を浴びる。だから指導者としてはむしろ、その陰になって働いている子たちに目を向けるようにしている。

指導者が試合に出ている子ばかりに目を向けていると、やはりそれ以外の子は不貞腐れてしまうだろうし、チームの足を引っ張るようなことも出てくるだろう。何より私も学生時代、「監督に自分の姿を見てもらいたい」と思っていたし、実際にちゃんと見てもらえたことで大きな喜びも感じた。したがって、たとえばクリスマスの時期にOBやOGなどが何かプレゼントをくれたりしたら、私はレギュラーよりも陰の力としてチームを支えてくれている子たちに優先して贈るようにしている。

また練習内容にしても野球の実力や学年などを問わず、基本的には全員で同じメニューを行っている。

そもそも私は野球選手を育てるというよりもまず、それぞれが人として成長し、将来的に人生のレギュラーになってもらいたいという想いを抱いている。中学3年間や高校3年間でレギュラーとして活躍すればそれでいいわけではない。だから実力があろうがなかろうが、全員が野球を通じて自分を磨くことを重視する。そして、それを前提とした上で星稜中は中高一貫教育なので、やはり高校野球で通用する選手を育てるのも1つの目標。そのためには「心技体」を充実させること。あまり目の前の結果にはとらわれず、先を見据えた育成を心掛けている。

ただし、だ。チームの目標はあくまでも日本一。だから大会を見据えて、メンバーを絞って練習をしなければならない時期も当然ある。そのときにある程度、全員が納得できるような選び方をしなければ、チームとしては歪みが生まれてしまう危険性も出てくる。

では、そのメンバーはどうやって選ぶのか。私たちは1つの目安として、月1回のペースで行う体力測定のデータを参考にしている。

　測定については体格（身長・体重・胸囲・太もも・ヒップ・上腕）、基礎体力（反復横跳び・懸垂・上体起こし・立ち幅跳び・長座体前屈・背筋力・握力）、走力（50メートル走・20メートル走・ベースランニング1周・一塁駆け抜け・1500メートル走・20メートルシャトルラン）、野球力（遠投・スピードガン・スイングスピード）のさまざまな項目を行い、すべての数値を一覧表にして全員に配っている。各項目での平均値やランキング、伸び率なども記載するため、自分がチーム内でどの位置にいてどれくらいのレベルなのか、またどれくらい成長しているのかも一目瞭然。さらに、全国平均の数値を提示してそこからどれだけ伸ばせばいいのかという目標も示し、比較対象として過去に日本一になった先輩たちの平均値が同じ時期にどうだったかというデータも見せている。そうすることで「勝っているチームは全体の平均値が高いんだな」と気付き、選手たちは向上心や競争心を持って練習やトレーニングに集中して取り組むようになる。

　私たちスタッフはこの体力測定の結果をもとにしてひとまずメンバーを選考し、練習試合で起用をしていくわけだ。もちろん、いくら身体能力が高くても試合で上手く

ある年の星稜中野球部における体力測定の実例

			体格					
番号	名前	学年	身長(cm)	体重(kg)	胸囲(cm)	太もも(cm)	ヒップ(cm)	上腕(cm)
1	A君	2年	168.4	62.6	89.0	53.0	94.0	27.0
2	B君	2年	170.0	71.8	92.0	58.0	97.7	30.0
3	C君	1年	164.0	59.0	83.0	53.0	93.0	27.0
4	D君	1年	157.7	48.8	76.0	50.0	87.0	23.0
1・2年平均値			**147.3**	**50.0**	**77.9**	**49.7**	**87.1**	**24.5**
1・2年最大値			**175.5**	**76.9**	**95.0**	**61.0**	**103.0**	**32.0**

			基礎体力							
番号	名前	学年	反復横跳び(回/20秒)	懸垂(回)	上体起こし(回/30秒)	立ち幅跳び(cm)	長座体前屈(cm)	背筋力(kg)	握力 右(kg)	握力 左(kg)
1	A君	2年	62	12	32	213.0	11.0	120.0	49.0	42.0
2	B君	2年	65	10	41	267.0	14.0	135.0	54.0	41.0
3	C君	1年	62	21	37	235.0	-3.0	123.0	47.0	40.0
4	D君	1年	68	23	39	270.0	3.0	100.0	30.0	33.0
1・2年平均値			**54.4**	**10.1**	**32.3**	**203.7**	**8.1**	**93.6**	**35.0**	**32.0**
1・2年最大値			**68**	**23**	**41**	**270.0**	**18.0**	**145.0**	**54.0**	**49.0**

			走力					
番号	名前	学年	50m走(秒)	20m走(秒)	ベーラン1周(秒)	1塁駆抜け(秒)	1500m走(分)	20mシャトルラン(回)
1	A君	2年	6.50	3.28	16.14	4.00	5:00	148
2	B君	2年	6.85	3.27	15.34	3.56	5:17	132
3	C君	1年	6.84	3.57	16.71	4.05	5:14	144
4	D君	1年	6.91	3.50	16.07	4.13	5:14	133
1・2年平均値			**7.10**	**3.40**	**16.40**	**3.90**	**0.0**	**111.4**
1・2年最大値			**8.25**	**4.01**	**19.42**	**4.61**	**0.0**	**148**

			野球力		
番号	名前	学年	遠投(m)	スピードガン(km)	スイングスピード(km)
1	A君	2年	77.0	109.0	122.0
2	B君	2年	89.2	117.0	139.0
3	C君	1年	76.7	107.0	122.0
4	D君	1年	81.1	106.0	110.0
1・2年平均値			**68.7**	**95.5**	**104.3**
1・2年最大値			**89.2**	**117.0**	**139.0**

機能しない選手もいるし、逆に数値が低くても実戦に強い選手だっているので、データを100％鵜呑みにしているわけではない。実際は試合での結果やチームとしてのバランスも見ながら、総合的に判断してレギュラーを決める。ただ、それでも数値が選手の特性を見極める手段にはなるし、取っ掛かりとしてデータを基準にしておけば、たとえレギュラーになれなかったとしても「数値が足りないから仕方ない」とみんなが納得できるだろう。そうやって平等性を保ちながらチームづくりをしている。

保護者との距離感を保ちながら協力関係を築いていく

子どもを育てるためには、親の協力が絶対に必要だ。特に中学野球は義務教育の範囲内でもあり、家で過ごす時間もまた大事な人間形成の場となる。親の理解を得られなければ当然、スムーズに運営できない。

ただ、私は基本的に保護者とは一線を引くようにしている。現実として星稜中に保護者会はあるが、これは保護者からの要望があって「野球部のため、選手やスタッフのためにルールを守る」という約束のもとで設置されたもの。私個人としては決して、なくてはならないものだとは思っていない。

それはなぜか。保護者との距離が近すぎるとさまざまな誤解を招くことも多くなり、チームに歪みが出てくるからだ。

たとえば「監督はあの保護者と仲が良いからその子どもを優遇して試合に使っている」と見られることもあるし、お中元やお歳暮などの贈り物をこちらがありがたく受け取ってしまうと、どんどんゴマをすってアピールする人が現れる。監督になりたてのときはそういうことが何も分からなかったため、いつの間にかチーム内で裏切りや足の引っ張り合いが起こってしまうこともあった。

だから今、指導以外の部分で保護者との接触は基本的になし。さまざまな意見は保護者会で吸い上げてもらい、代表者（会長）とのみ連携を取って意見を交換している。

そしてルールとしては、「申し訳ないですけど普段はグラウンドに来ないでください」とも言っている。私は監督としてとにかくグラウンドで選手たちと向き合うことが大切だと思っているのだが、そこに保護者がいるとどうしても情が入り、指導や采配にもブレが生じてしまう。したがって練習試合での当番制もなければ、応援に足を運んでもらうこともない。ただし、どこかで子どもたちが成長した姿を見てほしいという想いもあり、また家族からの応援が力になる部分もあると思うので、時期を見て「この日はグラウンドに来てもいいですよ」という参観日を設定する。そして、子どもたちの晴れ舞台である公式戦については「ぜひ応援に来てください」。そういうお願いをしている。

実際のところ、保護者と私の間には少しピリッとした緊張感がある。一方で、距離を取りすぎると今度は信頼関係が薄くなり、やはり問題に発展する可能性が出てきてしまう。だから1～2か月に1回程度のペースで、保護者の方々を全員、あるいは学年ごとに集めて話をする機会も設けている。そこでは監督やコーチの指導方針を伝えたり、チームの状況を説明したり、質疑応答をしたり……。指導者と保護者が同じ方向を向いていくために、このミーティングも大切な作業だと思っている。

ちなみに、先述した体力測定の一覧表や個人の筋力量・体脂肪率などを測定した記録表は、保護者にも必ず見せている。数値を伸ばすためには普段の食生活も含め、各家庭の協力が不可欠。自分の子どもがチーム内でどれくらいの位置にいるのかをハッキリと理解して、体づくりの意識を高めてもらいたいのだ。

チームとしては食トレを行っており、保護者へ向けて栄養学の専門家に講義をしてもらうこともある。と言っても、家での料理やお弁当づくりは人それぞれで時間や経済面などの事情があるため、「心を込めてもらえればそれでいいので、上手に手抜きをしてください」と。ただ米だけはしっかり食べさせたいので、お弁当の場合は2リットル大のタッパーにご飯を詰め込むようにお願いをしている。また家でもトレーニングに取り組めるように動画などを送り、保護者にチェックしてもらうようにもしている。子どもたちも苦しくて辛い想いをしながら成長しているが、親も一緒になって苦労をしなければチームは強くならない。実際、チームが強かったときや日本一になったときの保護者は共通して「親も苦しんでいます」と言っていた。そこをちゃんと理解してもらえているから、これまで結果が出てきたのだとも思う。

チームを支えてくれるかつての教え子たち

現在の星稜中野球部は私も含めてスタッフ4人の体制で運営している。

その中でも、まずは五田祐也コーチの存在が大きい。もともとは私が大学に通いながら星稜高でコーチをしていたときのキャプテンで、一緒に甲子園（1997年春・1998年夏）にも行った。当時からいろいろな相談を受けていた私は兄貴分のような感覚でいたので、彼が社会人になってから星稜中のグラウンドに来て「お手伝いをさせてもらえませんか」と言ってくれたのもありがたかった。そこからもう15年ほどもコンビを組んできたので、今では何も言わなくても通じ合える関係。しばらくは外部コーチのスタンスが続いていたが、2019年からは教員となってさらに近い存在となった。

スタッフ間ではハッキリとした役割分担があるわけではないが、技術の指導については基本的に五田コーチに一任している。それでもいわゆる〝ホウレンソウ（報告・

2007年からチームを見ている五田コーチ。〝田中野球〟には絶対になくてはならない存在だという

連絡・相談）〟は大事にしていて、彼も「今日は投手陣にこういう練習をさせたいんですけど、どうですか？」「この選手をこういうふうに起用してもらいたいんですけど、どう思いますか？」と、必ずこちらの意見を訊いてくれる。そして、試合でもまずは五田コーチを中心にしてコーチ陣がオーダーを組み、「監督、これでどうでしょうか」と。だから私も「この練習はまだ中学生には早いんじゃないか」とか「今日はこういうテーマで試合を進めていきたいんだ」などと言えるし、それを踏まえてまた五田コーチがメンバ

ーを組み直してくるので、お互いの考え方を擦り合わせていくことができる。

私にも五田コーチにもそれぞれの目線があるので、練習試合のうちは完璧には一致しないのが当たり前だ。しかし、擦り合わせの作業を何度も積み重ねていくことで、少しずつ「今日はこのメンバーですよね」と一致していく。そして最終的に大会を迎えた時点で、選手の起用や打順、試合における采配までお互いに迷いなくイメージできているときというのは、チームの形がしっかりとできているので強い。

彼は私の指導方針や野球スタイルを深く理解している。そして選手との信頼関係をつくり、監督の目が届いていない部分もしっかり見た上で、明確な根拠を持って提案をしてくる。私はできるだけその意見に賛同したいとも思っていて、そうやって起用した選手などには「五田コーチからの推薦があったから頑張れよ」と声を掛けている。監督というのは、あくまでも総合的な判断のもとに最終決定をする立場。コーチの意見を吸い上げ、その色をしっかり出していくことも大切だと思う。

残る2人は部長兼コーチの渥美泰樹先生と中西恒晴コーチ。どちらも私の教え子なのでコミュニケーションも取れていて、非常にやりやすい環境をつくってくれている。

渥美先生にはおもに1~2年生の指導にあたってもらい、トレーニングを任せることが多い。また選手の日誌の管理をしたり、パソコンを使って体力測定などのデータを出したりと、事務的な部分でもサポートをしてくれている。中西コーチはまだ大学生。2016年夏に横浜スタジアムで日本一を獲ったときのキャプテンで、人間的にもしっかりしている。腰のケガもあって星稜高では野球を続けなかったが、高1のときから星稜中での学生コーチを志願し、選手に近い存在としてアドバイスや叱咤激励をしてくれている。

こうしてかつての教え子たちに囲まれていると、つくづく「人づくりって大事だな」と思う。自分の周りでサポートしてくれている人たちを大事にしてきたからこそ、結果的に自分のことを周りが助けてくれているのだ。スタッフ同士もみんなで支え合いながらチームをつくっていく。「一球同心」を実現するためにも、やはり人間性は疎かにできない。

選手の意欲を高める工夫でいかに練習の質を上げるか

練習はウソをつかない。これは私の信念であり、グラウンドには「全国の頂点に立つ練習を！」という横断幕も掲げている。

昨今は全国的に学校のガイドラインが厳しくなり、働き方改革で教職員の労働時間を減らしている影響もあって、部活動の練習時間は制限されている。星稜中は私学なので優遇されていると思われがちだが、通常授業がある平日の場合、18時半には選手たちを完全にグラウンドから出さなければならず、ウォーミングアップやクールダウン、グラウンド整備の時間なども考慮すると、毎日の練習は正味1時間半から2時間。今後はさらに短くなる可能性もあり、練習の在り方というものを考えていく必要があるだろう。

そんな中でどうすれば「全国の頂点に立つ練習」ができるか。やはり、中身の濃さが重要だと思う。

私の考え方としては、基本は守り勝つ野球。守備が良くないチームは絶対に勝てないと思うし、逆に守備力が高いチームは打力も連動して高い。だから、普段の練習ではまず守備をしっかりと鍛えていく。そして限られた時間の中でも、一体感のある練習というのを心掛けている。全員で揃って行うウォーミングアップから始まり、キャッチボール、ペッパー、バント、シートノック。これである程度の時間が経ち、最後にみんなで走り込みやトレーニングなどをして終わる。バッティングは休日であれば行うときもあるが、基本的には各自で練習を積んでくるものだと考えている。

子どもたちというのは、守備練習よりもバッティング練習を好むことが多い。もちろん守備練習にもしっかり取り組んでいくのだが、やはり打ちたくてウズウズしている雰囲気は伝わってくる。ただ、だからと言って普段から全体練習の中でバッティングをたくさんしていると、いつの間にか打つことへ喜びが薄れていき、集中力を欠いてマンネリ化してしまいやすい。逆に普段から守備練習をメインとしていて、「今日はバッティングをやろうか」となったら、彼らは目を輝かせてガンガン積極的に取り組んでくれるのだ。

ちなみにバッティングにおいては、素振りやティーバッティングなどもすべて含めて「1日1000スイング」というのをノルマとして打ち出している。2016年夏、2017年春と日本一になったときなどは選手たちの自主練習の意識が高く、それがしっかりと実践できていた。日誌には毎日のスイングの数を書く欄があるのだが、正直なところ、「600」「700」などとアバウトに数字を書いてくる子もいれば、ちゃんと振っていないのに「1000」と書いてごまかしてくる子もいる。そこで私が言っているのは「書くのは個人の自由だから別に構わないよ。実際に素振りをしている場面を見ているわけじゃないし、証拠はない。でも練習はウソをつかないよ」。実際、子どもたちのスイングを見ていれば、普段からしっかり振っているかどうかなどはすぐに分かる。

自主練習ではバッティングセンターに行って打ち込んだり、また親にトスを上げてもらってネットに打ち込んだりしている子も多いが、やはり一番のオススメは素振り。相手投手をイメージしながら一人で考えて黙々と振るものなので、意識を高く持っているかどうかが直接表れる。そして、自分を見つめ直す時間としても有効だ。

さらに選手たちへの意識付けとして、私は正しいスイングやそれぞれの特徴に合っているプロ野球選手のバッティングの動画などを見つけて、学校で使っている各自のタブレットにそのデータを入れてあげるようにしている。野球というのは人の真似をすることで上達できるスポーツ。また、特にバッティングに関してはいろいろな打ち方があり、「絶対にこれがいい」と一概に言えるものではない。だからこそ、まずは「あの人はどうしてキレイなスイングができるんだろう」と考えることからスタートして、いったん真似をしてから自分に合ったスタイルを探していくことが大事だと伝えている。

今の時代はインターネットの動画サイトなども充実しており、子どもたちも自分で検索していろいろな打撃フォームの情報を得ることができる。最初は自分の好きな選手、憧れの選手で構わない。もちろん人によって相性があるし、体型や能力、体の使い方なども違う。右打者か左打者か。足が速いかどうか。長距離タイプか単打を確率よく打っていくタイプか。そういった要素をこちらで見極めた上で、「どうしてこの選手を選んだの？」と理由を訊いたり「こっちのタイプの選手はどうだ？」と提示してみたりもする。ただ結局のところ、まずは実際にやってみなければ、本人が「このスタイルは合わないな」ということにも気付けないのだ。選手たちがいかに自分で気付くように仕向けられるか。いかに自ら考えて取り組めるようにするか。これは指導者として大事なことだと思っている。

私は昔ながらの〝昭和の感覚〟を持った人間でもある。現代は選手たちにちゃんと説明をして納得させ、短くて効率の良い練習をするのが良いとされる風潮があるが、長い時間を使って練習をしていく中でみんなと深くコミュニケーションを取り、苦しくて辛い想いを共有することでチームをつくっていくことも大事だと思う。現実としては絶対的な練習量が足りておらず、技術や体力ももちろんだが、やはり粘り強いメンタルを育てることができていないように感じる。決められた時間の中でもある程度、練習をやり込んでいくことは必要。その部分をどう補っていくかという葛藤は今も抱えている。

ただ、いずれにしてもひと昔前のようにひたすら反復するという方法はできない。だからこそ、子どもたちには1球ずつ、1本ずつの大切さを説く。そして先述したように「練習をもっとやりたい」という欲をどんどんあおり、自主性を促していくような工夫が求められると思う。

連帯責任を理解させてチームワークを醸成する

野球は団体スポーツであり、日本一を獲るためにはチームの一体感を出していくことが大事だ。そのためには普段から連帯責任という概念を理解させる必要がある。自分が人として良くないことや間違っていることを何かしたら、周りのみんなにも必ず迷惑がかかる。だからこそ、自分の行動や発言に責任を持たなければいけない。そう伝えている。

これは日常生活だけでなく、野球のプレーでも同じ。たとえばシートノックにしても、「全員がノーミスで回ったら終わり。1人10本ずつな」と宣言して、ひたすら続けることなどがある。1人目、2人目はノーミスでこなせたけど、3人目でエラーが

星稜中では、何か失敗が起こったら基本的に連帯責任。それでもチーム内に前向きな声が飛び交うようになるとチームが強くなっていく

出た。そうなったら「じゃあ初めからやり直し！」。ミスをした当事者は「みんなに申し訳ない」と考えるようになるし、周りからは少しずつ「頑張れ！」「失敗しているのはお前だけじゃねぇぞ！」などと励ます声なども出てくる。お互いに仲間への思いやりが生まれ、1球ずつに全員が集中していくのだ。そして練習が終わったときには、みんなで力を合わせて成し遂げたという達成感も生まれる。こういう経験の積み重ねがチームワークや絆、心のつながりを生んでいくのだと思う。

もう1つ具体例を挙げると、マウンドの手前にマシンを設置して行う1か所シートバッティング。このときはバント、バスター、エンドランなどのサインプレーをテーマとして練習することも多いが、たとえば送りバントなどの場合は全員が連続で決められるまで延々と続けたりもする。基本的にこの練習で打者に指名するのは15人前後のことが多いが、14人目まで成功していくと最後の15人目にはとてつもないプレッシャーがかかる。そこでポーンとフライを上げた瞬間に「ハイ、最初からやり直しね」。この練習がひと通り終わったらフリーバッティングなどに移行できるようにしているのだが、実際はなかなか辿り着けない。

ノックの場合は体力的に苦しい部分もあるが、私は基本的にこうやって条件を設定した練習で選手たちを精神的に追い込んでいる。これはメンタルを鍛えるのと同時に、実はチームの本質を見極める手段でもある。

強いチームの場合、最後の1人までなかなか決まらずに苦しんでいるときには「よし、次に切り替えていこう！」「集中していこうぜ！」と前向きな声が出る。一方、弱いチームや勝てないチームの場合は、途中でミスが出ると「何やってんだ！」「ちゃんとやれよ！」と誰かを責める声が目立つ。もちろん、失敗を指摘する声もチームとして必要なものではある。ただ、たとえば第1章でも説明したように内山などは「俺が最後に回って決めてやるから失敗しても気にしなくていいぞ」と声を掛け、「順番を入れ替えてもいいですか」と私や五田コーチのところへ直談判に来る。そんな器の大きさを持った選手がいたら、周りの同級生や後輩は「頼もしいな」「この人についていこう」となるだろう。そして、相乗効果で意識が高まっていくわけだ。逆に、監督やコーチから指示されたことだけをそのままこなしているだけでは、どれだけ選手の能力が高くてもチームとしてはもろい。

日常生活の「並べる」「揃える」という習慣や人
間性の向上が、チームワークをより強固なもの
にしていく。目標は一体感のあるチームだ

公式戦の大事な場面でのプレーというのは、とんでもなくプレッシャーが掛かるものだ。それに打ち克つためにも、練習で監督が与えるプレッシャーなどはしっかりと跳ね返してほしい。

また、先ほどの本質の話ともつながるが、チームの雰囲気づくりというのもすごく重要だと思う。監督の立場としては、私は選手たちへの声掛けを大切にしている。

練習のときは厳しい言葉をガンガンぶつけているが、大会前にはチーム全体を乗せていくためにこう言う。

「グラウンドの神様はちゃんと見てくれている。今までやってきたことは絶対に間違いじゃないから、自信を持ってやりなさい。ただ、勝負（試合の勝敗）というのは最後まで分からないよ。途中で諦めたチームが負けるからね」

さらに、試合が始まる直前になったら「ゲームなんだから楽しくやってこい！」と送り出す。普段が厳しいだけに、選手たちも「監督は自分たちを乗せようとしているんだな」とは感じてくれていると思うし、実際にも〝行け行けドンドン〟で失敗を恐れずに伸び伸びとプレーしている。もちろん、試合の中でも明らかに気を抜いたプレーなどが見られた場合は、ちゃんと雷を落とす。ただ、基本的には「みんなの笑顔のために頑張ろう」「誰かのために頑張ろうぜ」と言っている。

そして試合中に力を発揮させるために、私はスキンシップも大事にしている。いいプレーが出たらベンチで「よくやった！」と言って抱き締めたり、頭を撫でたりと、全力で喜びを表現している。またキャッチャーが守備に就くために防具を着けるときなどは、私が水と氷水で冷やしたタオルを持っていき、水分を補給させてタオルで頭を冷やしながら拭いてあげる。そうすれば「暑い中で大変だと思うけど、頼むぞ」というメッセージが伝わり、「頑張ってきます！」と声を弾ませて、勢いよく走りながら守備位置に向かってくれる。しかもスタンドからは保護者の方々が拍手をしてくれて、「監督、ありがとう！」などと声も掛けてくれる。やや大げさでパフォーマンス的な部分もあるが、チームを一体にするような雰囲気づくりを大事にしている。

努力、度胸、声、判断力……ベンチ入りメンバーの中にはさまざまな役割の選手を選ぶ

試合に出るメンバーやベンチ入りするメンバーを選ぶ基準はいろいろあるが、私の中ではやはり普段の練習に取り組む姿勢や学校生活の過ごし方なども大いに考慮している。

先ほど「徳を積む」という話もしたが、いくら能力が高くても、やはり普段の生活態度が良くない選手には運も味方してくれない。だから学校の先生方からの評価もしっかり聞いて参考にしているし、実際に「○○さぁ、こないだ○○先生がすごく褒めていたよ。だから今日はスタメンで使うからな」と伝える。そういう基準を持っていると起用された選手たちは喜び、またその先生に対する信頼度も増して学校生活がより充実していく。〝田中野球〟では人間性が良くなければ試合に出られない。それが浸透していけば、みんなが授業や行事にも真剣になり、私生活でも姿勢を正すようになるのだ。

それと組織をつくる上では、度胸がある子をベンチ入りメンバーに選ぶことも大切だと思う。たとえば遠征のバスの中で、私はふいに「じゃあ今からカラオケ大会やるぞ」などと提案する。「まずは監督が歌うからな」と言ってマイクを持ち、1曲終わったら「これは強制じゃないからな。でも自分で歌いたいと思うヤツは手を挙げろ」。そうすると、積極的に手を挙げる子がチーム内に必ずいる。実際に歌が上手いかどうかはさておき、そういう子は一生懸命に歌ってみんなを盛り上げてくれる。言ってみれば、チームのムードメーカーになれる存在なのだ。

そして、コツコツ努力する子や度胸のある子を実際にメンバーに選ぶと、ベンチ内の雰囲気がまるで変わって活気が出る。野球で大事なのはやはりチームワークだと思う。

普段の練習試合では、私の場合は頻繁に選手を入れ替えて起用するため、各自が試合に出るための準備をしている。ただ大前提として、私が「声を出さない選手は絶対にベンチに入れない」という方針を持っているということも浸透している。それもただ周りに通る声を出して大きくわめき散らせばいいわけではなく、声を掛けた相手を奮い立たせたり、みんなの心に響くような声を出せるかどうか。そして、プラス思考の言葉を出せるかどうか。お互いに注意をすることも大切だが、ミスしたことをただ責めるだけでは意味がない。相手のことを思いやり、次につながる声であれば私は高く評価している。

これは持って生まれた性格などの部分ではなく、普段からの積み重ねだと思う。最近の子どもたちはすごく優しい反面、恥ずかしがり屋が多く、また中学生の場合は多感な時期なので「素直に表現するのはカッコ悪い」と斜に構える子も出てくるから難しい。それでも「引っ込み思案の子であってもグラウンドでは声を出せる選手にならなければいけないよ」。「自分をちゃんと表現できる子にならなきゃいけないよ」。そう伝えていくうちに、だんだん声が出せるようになっていくものだ。

なぜそこまで私が「声」を大事にするのかと言うと、やはり声がワーッと出てベンチやスタンドが盛り上がっていると、試合に出ている選手たちも背中を押されてプレーが積極的になるからだ。また監督の私でさえ、その雰囲気に心地よさを感じてサインを迷いなく決断できたりする。逆にシーンと黙っていると、冷静ではあるがやはり私のサインも選手たちのプレーもどこか消極的になりがち。監督をはじめとするスタッフ、試合に出ている選手、サポートに回っているベンチやスタンド。三位一体になる上で「声」というのはすごく大きな武器になる。だから、野球の実力にかかわらず「声」が出せる選手を1人、必ずベンチ入りメンバーに選ぶようにしている。

それともう1つ、私は「走塁」も大事にしている。

走塁と声にスランプはない。これは間違いないし、必ずチームにプラスをもたらしてくれる要素でもある。

星稜中では走塁をテーマにした練習も多く、たとえば走者をつけたシートノック、マシン1か所のシートバッティング形式によるバント、エンドラン、バントエンドラン、スクイズ……。実戦練習の中でもタイムを計測したり、守備側に対してプレッシャーを与えることを追求したりと、意識を高めている。

歴代で強かったときのチームを振り返ると、やはり走塁が良い。さらにランナーコーチ（ベースコーチ）も優秀だった。私自身が高校時代に三塁ベースコーチを任せてもらっていたこともあって、その難しさや役割の大きさは誰よりも分かっているつもりだ。星稜中でも一塁ベースコーチと三塁ベースコーチは固定するようにしており、そこを任せる基準は「野球をちゃんと知っていて監督の分身になれるかどうか」。そして「決断力と判断力に優れているかどうか」。チーム内でランナーコーチの重要性をしっかり理解してもらうために、練習ではランナーコーチを全員に経験させる。その中で2人を選び、野球の実力は問わずに必ずベンチ入りさせている。ただし、ランナーコーチが問われるのは状況判断や打球判断の良し悪し。ということは、実際に自分が走者の立場になったときにすばやく良い判断をできる選手でなければ務まらない。だから走者としての練習も積ませるし、やはり周りから信頼される人間かどうかという部分も見ている。

いわゆる〝エースで四番〟タイプを9人選んで試合に出したり、能力の高い順番にベンチ入りメンバー20人を選んだりしても、「俺が、俺が」という感覚が強くなりすぎてチームはまとまらない。それぞれの仕事、それぞれの持ち味を把握した上で、どういう9人を試合に出して、どういう20人をメンバーに選び、どうやってチームワークを発揮できる組織をつくっていくか。そのマネジメントの手腕を問われているのが、監督というポジションだ。

なお、夏のベンチ入りメンバー20人を選ぶときには、キャプテンや副キャプテンにも考えさせている。彼らもある程度の案を持ってきて、私が「なんでこの20人なんだ？」と根拠を問うとこんな意見が出る。

「コイツは周りに対して気配りができて、チームの中を一番まとめてくれるヤツなんです」

「コイツのランナーコーチだけは絶対に信頼できます」

陰となっている選手たちの気配り・目配り・心配りはチームメイトが必ず見ている。みんなが納得できる組織をつくるためのポイントは、やはりチームワークなのだと思う。

第3章　試合で勝つための戦略

「全軟」の日本一に狙いを絞り覚悟を持って「全中」に切り替える

日本一を狙うには当然、試合で勝たなければならない。私はまず全員に1年間の大まかなスケジュールを見せ、どこに向かっていくのかという目標をイメージさせている。そして、そのスケジュールに合わせてプランを立てていく。

大前提として、私たちがメインに考えているのは夏の横浜スタジアム（全日本少年大会＝全軟）だ。本大会は8月に開催されるが、ではその予選がいつから始まるのかと言うと、私たちの場合はまず5月の3週目に金沢市大会がスタートする。そして4週目に加賀地区大会、6月頭に石川県大会、7月頭に北信越大会。ここで優勝して初めて、全国大会の出場権を手に入れることができる。

そして中学軟式の世界ではもう1つ、全国中学校大会（＝全中）も夏に開催される。この予選が「全軟」の予選と同時期に連動して行われるため、6月以降は2つの大会の予選がずっと続いていくという状況になる。ちなみに両方とも勝ち進んでいった場合は、規定によってどちらかの全国大会出場を辞退しなければならない。

なぜ「全軟」に重きを置くのか。よく訊かれるのだが、理由は日程的に予選が始まるのが「全中」よりも早いから。もちろん横浜スタジアムは球場としても素晴らしく、ああいう華やかな舞台で選手たちにプレーしてほしいという想いもある。ただ、もし「全中」の予選のほうが早く始まるのであれば、私たちは「全中」に重きを置く。

と言うのも、「二兎を追うものは一兎をも得ず」という諺の通り、2つの大会を追って「勝ち進んだほうに出場しよう」と思っていると、どちらも中途半端に負けてしまうことがよくあるのだ。監督になって4～5年目あたりまではどちらも狙おうとしたが、上手くいかなかった。おそらくチームの集大成として「負けたら終わり」という覚悟で臨んでいるはずが、心のどこかでは「負けてもまだ全中に出られる可能性がある」と考えてしまい、それがわずかなスキとなって崩れていくのだろう。

したがって、私はあらかじめ「全中は捨てる」と宣言している。実際は全中の予選にも出るのだが、「全軟に合わせて全力で行く。もし途中で負けたら全中の予選もそこで辞退します」と保護者にも伝えている。つまり、全軟の予選で負けてしまったら

3年生はいったん引退となるわけだ。そしてミーティングをして、選手や保護者に「本当に申し訳ない。これで新チームに切り替えます」と話す。その時点でまだ全中の予選が残っている場合は「全中があるじゃないですか」となるが、「そんなに甘い気持ちで臨んでも全中は獲れません。これで終わります！」。そこから約1週間の猶予を与え、選手たちが本当に「もう1回、ゼロからやり直さないと勝てないぞ」という気持ちになって私に申し立てをしてくるようであれば、そこで初めて「分かった。じゃあここから全中に向けて必死で行くぞ」と受け入れる。

目標をただ切り替えてシフトしていくのではなく、いわばマイナスに落としてから鍛え直していくような感覚だ。3年生も「本当にこれで中学野球が終わってしまう」と感じるからこそ、本気になって気持ちを切り替える。それくらいの覚悟で臨んでいるから、私たちは結果的に何度も「全中」に出場できているのだと思う。

雪国の冬も有効に使いながら いかに大会前までに能力を伸ばすか

星稜中では目標を夏の「全軟」1本に絞っているわけだが、そこに向けてどういうプランを組んでいるか。まず夏が終わって新チームを結成したら、9月の新人戦を目指してチーム内で競争しながら大会に臨むメンバーを選んでいく。ただ、そもそも私は新入生が来て3学年が揃った4月の段階で選手を見極め、「夏に向かっていくチーム」と同時に「秋に向かっていく1〜2年生のチーム」も発足させている。後者については渥美先生と中西コーチに準備をしてもらっているので、新チームにもスムーズに移行できている。

秋の新人戦で県大会や北信越大会を勝ち抜いていくと、いわゆる「春のセンバツ」にあたる静岡での全国大会（全日本少年春季大会）に出場できるため、当面はそこが目標だ。だが秋のレギュラーはもちろん固定ではなく、大会が終わってシーズンオフに入った段階でリセットボタンを押す。冬場を経てグラウンドに出られるのが3月中旬あたり。そこから少しずつ練習試合を入れ、実戦経験を積んで大会に備えていくのだが、もともと「大会前ギリギリまでは走り込みを中心に追い込む。バッティングはしない」と伝えていて、「バッティング練習に入る大会1週間前までに結果を残した者だけがＡチーム（部員が3学年で約60名になるのでいったん30名ほどに絞り、そこからさらにメンバーを選考していく）に入れるよ」と。時期で言うと「全軟」の大会1週間前が5月のゴールデンウィークあたりになるため、選手たちも「そこまでにいかに自身の能力を伸ばしてアピールしていくか」という勝負だと認識している。

練習メニューについては、基本的にグラウンドが使えるときはP83の表のような流れで進めていくことが多い。もちろん常に同じことばかりしているわけではなく、コーチ陣とも相談しながらさまざまなバリエーションの練習をしている。また雨の日などは走り込みやトレーニング主体になるが、軟式野球はボールもゴム製であり、実際の大会では雨天でも試合を強行するケースが結構ある。手がかじかんだり、ボールやグラウンドが滑ったりという状況に慣れておく必要もあるし、幸いにも星稜中のグラウンドは水はけが良いので、雨が降っていてもできる限りは外で練習するようにして

◎星稜中野球部の一日の練習メニュー例

<平日(通常授業後)>

15:40〜　ランニング、ブラジル体操、ダッシュ(10本程度)、キャッチボール
16:00〜　ノック(投手ノック、ランナー付きノック、シートノック)
17:00〜　打撃練習もしくはシート打撃

※打撃練習の場合
ロングティー(ソフトボール)
(以下は日によって変更)
ワンバウンドを打つ練習
反対方向へ打つ練習
遠くへ飛ばす練習

※シート打撃の場合
走者一塁(バントエンドランで一塁走者は三塁へ)
走者一塁(バスターエンドランで一塁走者は三塁へ)
走者二塁(セーフティーバント)
走者一・三塁(一塁走者エンドラン)
走者一・三塁(セーフティースクイズ)
走者二・三塁(ツーランエンドラン)
走者二・三塁(ツーランスクイズ)
走者満塁(ヒッティング)

17:40〜　ベースランニング
一塁駆け抜け、一塁オーバーラン、一塁から二盗(ディレードスチールなども)
二塁打、二塁から三盗、二塁から帰塁
三塁打、タッチアップ、エンドラン&スクイズ帰塁
ランニングホームラン
(18:00過ぎ頃に終了)

<休日>

8:30〜　ランニング、ブラジル体操、体操、走り方矯正メニュー、ダッシュ(10本程度)
9:30〜　キャッチボール(10球ずつ胸にノーミス連続)
トスバッティング(3人1組)、バント練習(3人1組)
10:00〜　ボール回し、ノック(メニューは平日と同じ)
11:00〜　投球練習、挟殺、牽制練習
12:00〜　打撃練習(メニューは平日と一緒)
※昼食を挟みながら、3組交代で行う

14:00〜　シート打撃(メニューは平日と一緒)
※3組に分かれて同時に体幹、ランニングメニューを行う
15:00〜　ベースランニング
(16:00頃に終了)

いる。

ちなみに石川県は雪も多く降るため、11月後半から3月半ばあたりまではグラウンドでなかなか練習ができない。ただ、私は決して「野球」の練習にこだわっているわけではない。バドミントン、卓球、バスケットボール、サッカー、トランポリン、空手……。いろいろな競技を採り入れ、さまざまな体の使い方を経験させている。

どんなスポーツであっても体幹の強さ、股関節や肩甲骨まわりの柔軟性などが必要だということは共通しており、また基本的な運動のセンスがある人は何をやっても上手いもの。たとえば近年は水泳をよく行っているが、全身運動の中で手足をタイミングよく動かしていくこと、無駄な力を抜くことなどは野球とも連動している。実際、野球の動きがガチガチになっている子に水泳をやらせてみると、力を抜けずに上手に浮くことができないことが多い。そこで「じゃあどうやったら浮くことができる？」などと言いながら水泳の練習をしていくと、野球のときも自然に力が抜けていくようになったりするのだ。

さらに最近はレスリング部の練習に混ぜてもらい、ブリッジや四つ這いの姿勢で歩いたり、スクワットジャンプで前に進んだり、おんぶしながらダッシュしたりもしている。レスリングは道具を使わないスポーツ。そこで必要とされるトレーニングを行うことで、自分の体をフルに使って力を発揮することにもつながる。

他にもいろいろなスポーツに取り組むことで、神経を発達させてコーディネーション能力（さまざまな機能を合わせて調整する力）を養うことができると考えている。また普段は取り組まないスポーツなのでマンネリ化せず、集中力を鍛えられるという意味合いもある。そして一番の目的は、やはりケガをしないような体をつくりたいということ。体の大きい・小さい、筋肉の多い・少ないよりも、まずは強さと柔らかさを備えて全身をしっかり使って動けるようにすることが大切だ。

また、冬場は走り込みやさまざまなトレーニングにも時間をかける。大まかに言うと、シーズンオフはウエイトや長距離走なども行い、パワーや持久力をつけていく。そしてシーズンが始まると瞬発系のトレーニングを増やし、スピードや体のキレを促していく。これがトレーニングにおける基本的な考えだ。

ただ体幹を鍛えるトレーニングは年間を通して重視しており、たとえば3キロのメディシンボールを両手で抱え、ピッチングまたはバッティングの構えの姿勢から体を捻って片方の股関節の上に体重をグッと乗せ、パワーポジション（ヒザや股関節を曲げて体幹を前傾させた状態）に入れたところから捻り戻して投げる（P87写真中段）。あらかじめパワーポジションをつくり、メディシンボールを投げてもらって、キャッチしてまた返していく（P87写真上段）。目の前に高いネットを置き、全身のバネを利用してそのネットを越えるようにメディシンボールを真上へ思い切り投げる（P87写真下段）。あるいは2メートルの棒を両肩の上で担ぎ、胸を張って肩甲骨を寄せた状態のままサイドランジ（P88上写真）。2メートルの棒で素振りをするというメニューもある（P88下写真）。

こういう取り組みは、実は雪国だからこそ充実させることができているのかもしれない。私たちも含めた日本海側のチームというのは、わりと温暖で降雪もめずらしい太平洋側のチームと比べたときに不利だとよく言われる。たしかに冬の気候が長く続く分、ボールを使った実戦練習に移行できるのは遅く、春になっても試合の感覚を取り戻すのに時間は掛かる。ただ、それも考え方ひとつ。子どもたちの将来を見据えて

メディシンボールを使ったメニュー

2メートルの棒を使ったメニュー

体をつくり、ケガを予防し、スムーズな体の使い方を覚えるという観点で考えれば、じっくりトレーニングに打ち込める時間があるのはメリットとも言える。

一般的に見ればハンディを抱えているのかもしれないが、同じ地域にいてもチーム事情がまたそれぞれ違うわけで、与えられた環境で工夫して取り組んでいくしかないのはみな一緒。野球はひと冬を越えることでスケールが大きくなり、一気に上達していくものでもあるので、日本海側のチームだから全国優勝できないなんてことは絶対にない。

練習試合で勝負強さを見極める 日本一を見据えて遠征も多めに

秋の大会を終え、冬場の取り組みを経て春を迎え、夏の手前までにどこまで成長できるか。星稜中ではそれを1つの目標として設定し、練習試合などでいろいろな選手を試しながら最終的に夏の大会へ臨んでいくメンバーを選考する。

２人１組で塁間の距離をいかにすばやく正確に投げられるか(写真上)。また４人１組の中継プレーなども行って、キャッチボールの精度を高めている

では成長の度合いは何で判断するのかと言うと、まず体力面では第2章でも説明した体力測定表の数値。そして技術面においては、冬場に基礎練習を徹底して行っているので、キャッチボールのテストやノックでの動きなどを見て「基礎が身についているかどうか」で判断していく。

具体的なポイントについては次章で述べるが、まずは塁間の距離でキャッチボールを行って、一連の動作で捕ってからすばやく相手の胸に投げられているかどうか。さらにボール回し（右回り、左回り、ランダム）でもそれが実践できているかどうかを確認する。そしてノックでは、正しい形で捕れているかどうか。しっかりステップを踏んで安定したスローイングができているかどうか。このあたりは全員共通で身につけてほしい部分なので、一定レベルに達していることが基準となる。また、技術は備わっていてもいざ全体練習に入るとビビッて力が発揮できなくなってしまう子もいるので、そういったメンタル面での勝負強さなども見極めている。

こうして各選手の実力や特徴を把握していったら、実戦練習を積みながら今度は練習試合に入っていく。

星稜中の場合、練習試合は年間で100試合以上を組んでいる。「できる限り実戦経験を積ませたい」というのが私たちの考えで、土日はほぼ練習試合。幸いにもグラウンドには2面を取れるスペースがあるので、AチームとBチームに分けて1日3試合ずつ、計6試合を行うことがよくある。また、場所が確保できればさらにCチームの試合も組んでいる。私は練習試合でも選手たちにプレッシャーを与えていて、たとえばバント1本でも失敗しようものなら、その瞬間に「もういいよ。Bへ行きなさい」と言ってBチームの選手と入れ替える。常に「ミスはできない」という状況なので必然的に、実戦での勝負強さを備えた選手がAチームに残ることになる。

なお、この時期のプランは当然、夏の日本一を見据えて組んでいるものだ。まず練習の内容は5月（金沢市大会・加賀地区大会）、6月（石川県大会）、7月（北信越大会）、8月（全国大会）と大会が約1か月のスパンで行われるので、大会にピークが来るように逆算していったん心身ともどん底に落とす時期をつくる。何か1つ失敗をしただけでも「チームの景色が悪いぞ」「気が抜けているぞ」と大きな雷を落とし、緊張感を与えて油断をなくすのだ。そして選手たちに「このままじゃまずいぞ」と思わせておいて、各大会の1週間前あたりからは叱らずに褒めることで彼らのテンションを高め、チーム状態を上げていくようにする。

また練習試合については、基本的には石川県内のチームとはほとんど組むことがない。北信越のチームも少なく、積極的に試合をするのは関西や関東、東北、四国、九州……つまり別の地域のチーム。なぜかと言うと、各地区によって選手の気質や野球の特性があり、自分たちがどの地域に弱いのか、またどういう野球に弱いのかという傾向を分析しておきたいのだ。そして実際、全国大会に出たら北信越以外のチームと戦うわけで、事前に慣れをつくっているかどうかも重要なポイントだろう。

たとえば関西のチームは能力が高くてプレーも派手。スピード感があり、少しヤンチャな野球もしてくる。打者は3ボール0ストライクからでも平気でバンバン振ってくる傾向があり、方言を使った言葉遣いなども含めて、ベンチやスタンドの雰囲気も独特。過去には星稜中の選手たちがそこに呑まれ、委縮して力を発揮できなかったこともある。また関東のチームは頭を使った賢い野球をしてくるイメージがあり、九州のチームは〝行け行けドンドン〟で勢いに乗ってくるイメージ。そういったさまざまな地域の文化で育った野球を練習試合のうちに体感しておけば、心の準備ができるし対応力なども生まれてくる。

そして、宿泊先での生活や移動時の過ごし方なども含めて、遠征そのものに慣れることもできる。これまで日本一になったときの教え子たちに全国大会の感想を聞いてみると、「長い遠征が終わったみたいな感覚です」と言っていた。全国大会ならではの緊張感はあるものの、普段から遠征をしているからこそ、今までやってきたことの延長線のような感覚で戦えたのだと。一方で「さぁ全国大会だ」「これから試合だ」と意気込んでいくチームは、やはり1～2回戦でよく負けている。常に日本一を見据えて準備をしているから、全国大会でも普段通りの野球ができるのだと思う。

正しい投げ方で完投を目指して信頼できる投手を育てていく

野球は投手が主体となって試合を進めるスポーツであり、それを支える捕手のリードも重要だ。したがって練習試合では当然、バッテリーの出来を中心に見ていく。投手がどこまで試合をつくって投げ抜いていけるか。捕手との呼吸は合うのか合わないのか。特に軟式野球の場合は得点がなかなか入らずロースコアになりやすいので、これを見極めていくことは試合での勝敗に大きくつながる。

投手の起用法で言うと、私は練習試合で7回（中学軟式は7イニング制）を完投させることが多い。平気で完投できるくらいの基礎体力と試合をしっかりつくれる制球力がなければ、全国大会を勝ち抜くことは難しい。日本一を現実的に見据えて投手の育成を考えているので、なるべく継投はしないようにしている。そしてもちろん、練習や練習試合が続けば疲労も溜まっていくので、体の状態も頭に入れながら「今日は4回までにしよう」と調整したり、いつも先発をさせている投手に「今日は抑えで行くぞ」と違う役割を与えて適性を見たりもしている。また、あえて無死満塁などのピンチで登板させたりして、どんな局面からでも投げられる状態をつくらせている。

A、B、Cとチーム分けをした場合、練習試合は多くて各チームで1日3試合ずつ。通常授業の週で土日に試合があるとすると、チームの主力として考えている投手については土曜日に1試合完投させたら日曜日にも完投させる。その日のうちに2度投げさせること、つまり7回を超えて投げさせることはないが、基本的に2日間は連投させる。もちろんケースバイケースではあり、球数や疲労の度合いには配慮するのだが、70球程度に収まっているのであれば翌日も投げさせるのが基本だ。

なぜ連投をさせるのかと言うと、精神面のタフさや試合で投げるスタミナをつけてほしいから。トーナメントの大会は1試合ずつが勝負であり、準決勝と決勝がダブルヘッダーの場合は投球回数制限（投手1人につき7回まで）も出てくるが、基本的にはチーム内の競争を勝ち抜いて信頼を勝ち取ったエースで勝負していきたいのだ。

投手を何人も育てて併用すればいいじゃないかと思われるかもしれないが、全国大会はそんなに簡単なものではない。また私の中では、ピッチングの実力だけでなく体力や精神力が備わっていて、チームに安心感を与える唯一無二の存在がエースだと思っている。守備のリズムを良くして流れをつかみ、攻撃に勢いを与えられる投手。味方の守備にエラーが出ても「いいよ。俺が次の打者を三振取って抑えるから」と周りを気遣える投手。チームメイトから「アイツのために頑張らないといけない」と思われる投手。そういう存在を目指してほしいし、試合ではエースを中心にしたチームのつながりを大事にしたいとも思っているので、練習試合も含めた競争の中から誰がエースに相応しいのかを見極めているわけだ。だから、エースであればしっかりと完投する。これは星稜中の伝統かもしれない。

昨今の野球界では、試合での投球数制限や練習での投げ込みの是非などもよく議論されている。私はもちろん、ケガのリスクを軽減させることは絶対に必要なことだと思う。ただ、やはり投げ込みをしなければ肩の強さやピッチングの感覚などは養えないと思っているし、走り込みをしなければ心身の強さは培えないとも思っている。したがって、日によって強弱をつけながらも投手陣には基本的に毎日投げさせているし、毎日走らせている。

そう言うとメチャクチャな練習量を課しているようなイメージを抱かれるかもしれないが、決してそんなことはない。スポーツドクターと連携を取って「今日はちょっと疲労が溜まっているよ」「これくらいの強度なら投げても大丈夫だよ」などと指示をもらい、それをもとに練習を組んでいる。食生活の違いや日常的に外で遊ぶことが少なくなったという環境の変化もあってか、現代の子は昔の子に比べて体の強さがあまり備わっていない傾向にある。だからこそ、体の治療やケガの予防にきちんと向き合うことが不可欠だ。ちなみに球数で言うと、公式戦の前だから調整するとか、練習試合の週だからガンガン投げるとか、そういう違いはつくらない。投げ込みと走り込みは年間を通して継続し、試合でもいつもとまったく変わらない状態で臨むことが大切だと思っている。

また選手たちにはタブレットを使って写真や動画も見せながら、ケガにつながらないように正しい動きを理解させた上で投球フォームづくりをしている。さらにＫＤＤＩ株式会社からの紹介で２０２１年から採り入れた「TECHNICAL PITCH（テクニカルピッチ）」（ＩｏＴセンサーを内蔵したボールを使用して選手の球速や回転数、腕の振りの強さ、ピッチングタイムなどのデータを取得管理できる）も非常に有効。１球投げるごとにタブレットにデータが分かりやすく表示されてデータ比較ができるので、ピッチングフォームの修正に大きく役立っている。

さらに投手への意識付けとして、私はいつも「ストレートで三振が取れる投手になりなさい」と言っている。右投手なら右打者の外角に3球投げて三振が取れるようにストレートを磨くこと。正しい投げ方を身につけておけば、そう簡単に故障につながることはないだろう。そして変化球は肩ヒジへの負担も大きいと言われるが、こちらも投げ過ぎに注意しながら理に適ったフォームで投げれば問題はない。そもそも中学軟式の場合は、いかに緩急を使って打者のタイミングを崩すかが大事。決して鋭く曲がったり落ちたりする必要もなく、基本的にはスローボールでも構わないと思っている。そして、ここぞという場面で投げる変化球を1種類以上持っていればいい。そういう考え方で練習をしていれば故障にもつながりにくいし、投球の駆け引きも覚えることができる。

野手は1人複数ポジションが基本
攻撃では左右のジグザグ打線を組む

続いては、野手の起用について。練習試合ではABCの3チームに分けた中で、五

特殊なセンサーを内蔵したボールとタブレットを使うなど、科学的な根拠に基づいて選手を育成している

田コーチが組んできたオーダーをもとにしてスタメンを決めていく。私の中では調子の良い選手から使っていき、Aで失敗した選手は容赦なくBやCに落とす。逆にBやCでも上手い選手や結果を出した選手はCからB、BからAへと上げていく。そうやってメンバーを固定せずにどんどん入れ替え、選手たちを切磋琢磨させていく。

一度レギュラーになっても安泰ではないので、彼らは常に危機感を持っているだろう。ただ、逆に隙あらば自分が試合に出るつもりでもいるので、ベンチ内でただボーッと試合を見ている選手はいない。私も実際にベンチ入りメンバーは全員使うくらいの気持ちでいるので、全員が期待と不安を抱えながら集中して練習試合に臨むことになる。

そんな中で、私が最終的に公式戦で先発する9人をどう選んでいるか。基本的には守備からリズムをつくっていきたいので、まずはしっかり守れるということが前提。そして練習試合での戦いぶりを見て、実戦に強いタイプかどうかを判断している。またチームはバランス良くつくらなければならず、ホームランバッターばかりを揃えても、あるいはアベレージヒッターばかりを揃えても、意外と上手くはいかない。理想は9人の中で勝気な選手が3人、頭を使って賢い野球をできる選手が3人、普通の感覚を持っている選手が3人。3タイプの選手を並べられるとバランスが非常に良いと思う。

それと先述したように私は走塁を重視しており、試合では機動力を使っていきたい。だから足が速くて出塁できる選手、エンドランでちゃんとゴロを転がせる選手、ノーサインでも盗塁を仕掛けられる選手、野球をよく知っている選手。このあたりもレギュラーに抜擢することが多い。またベンチ入りメンバーに選ぶ上では野球観も大事にしていて、「相手のスキを突く」「相手にプレッシャーをかける声を出す」「相手のサインを簡単に見破る」といった感性も見る。さらに、対戦相手が右投手か左投手か。どういう傾向を持ったチームなのか。相手のデータなども含め、相性を考えて先発メンバーを選んでいく。

守備位置や打順の考え方についても説明していこう。

まず守備位置だが、「好きこそモノの上手なれ」だと思うので、基本的には本人のやりたいところを守らせている。ただ、もちろん向き不向きもあるし、チーム事情で「どうしても」とこちらからお願いして説得するケースもある。そもそも星稜中では1人が複数ポジションを守れるようにしておくことは前提なので、練習では全員でいろいろなポジションを回したりもしている。投手・一塁手・外野手しかできないと思われている左投げの選手にも、捕手や三塁手や遊撃手などをひと通り経験させるようにしている。ちなみに、星稜中への入学を考えている小学生がいるときは五田コーチに足を運んでもらっているが、彼いわく「ピッチャー・キャッチャー・ショートをやっている子は基本的にどこでも守れる。そういう選手が集まってきたときはバランスの良いチームになる」。実際に日本一になった年を振り返ると、たしかに投手経験者が野手にコンバートしていることも多い。

逆に、私は練習試合で「ピッチャーなんて今までやったことないですよ」という野手に対して、「それでもいいから投げてみろよ」と言ってマウンドに送り出してしまうことなどもある。実際に投手を体験して苦労を理解すれば、野手として「何とか守ってあげよう」という気持ちも強くなる。また投手には野手を経験させることで、「野手がミスしたときには何とか抑えてカバーしてあげよう」という気持ちも芽生えてくる。お互いの立場になって気持ちを理解できてこそ、チームの団結力、心のつながりは本物になっていくのだ。

一方の打順については、それぞれに役割が違うので練習試合でいろいろな選手を試して適性を判断するようにしている。そして基本的には、右打者と左打者が交互に並ぶジグザグ打線を組んでいく。

中学軟式ではなかなか得点が入らないという試合展開が多く、まして全国大会の場合は相手も好投手ばかりなので余計に1点が遠い。そんな中で右打者が3人、あるいは左打者が3人と固まっていると、どうしても同じようなパターンの配球にハマって三者凡退というケースが増えてしまうのだ。プロ野球や社会人野球のレベルであれば、相手投手の左右の違いや相性などに合わせて打順の並びや代打を出して対応できるのだろうが、中学生のチームにそこまでの層の厚さを求めることはできない。しかも一発勝負のトーナメントで7イニング制となると、三者凡退が続いたら試合がポンポン進んですぐに終わってしまう。

ただ一方で、いくら良い投手であっても相手は中学生。単純に考えても右打者と左打者に対して同じ攻め方をすることはないわけで、打線をジグザグに組んでおくと見ている景色もコロコロ変わる上、交互に違うパターンの配球をしなければならないのでリズムに乗りにくい。そして7回あるうちのどこかで必ずコントロールが乱れてくるものだ。そこに三塁側へのセーフティーバントや一塁側へのプッシュバント・ドラッグバント、バスターなどを交えて揺さぶっていくと、相手投手はどんどん自分のタイミングや自分のフォームで投げられなくなっていく。相手を惑わせるという意味で、ジグザグ打線は非常に有効だと思う。

さらに、最悪の事態として7回までパーフェクトに抑えられてしまった場合、打者3巡目の三番打者で終わることになる。最短でそこまでしか打順が回らないとなると、少なくとも打者2巡目では相手投手を攻略したい。そこでもやはりジグザグ打線が生きる。たとえ打者1巡目を完璧に抑えられたとしても、相手投手の様子（コントロールを乱すのか安定して投げ続けるのか）を見ておけば、右打者に投げにくいのか左打者に投げにくいのかを比較して傾向を見極めることができる。そして2巡目に対策を取りやすいのだ。

また右打者の次が左打者、左打者の次が右打者と分かっていれば、攻撃のつながりも生みやすい。たとえば右打ちの先頭打者がまず出塁した場合、次打者は左打ちなので捕手からは一塁走者が見づらく、足を絡めた攻撃がしやすくなる。二盗をしてからのセーフティーバントやエンドラン、走者一塁からのエンドラン・バントエンドラン・バスターエンドランなどで、得点が最も入りやすい「走者一・三塁」の状況をつくる。これが理想的な形だ。だからこそ左右の打者をバランスよく配置しておきたいし、足の速い右打者には左打ちに挑戦させてみることもある。

そしてジグザグ打線を前提としながら、各打順の役割に合わせて選手を当てはめていく。私の場合、二番と七番にいい打者を置けるかどうかがポイントだと考えている。

二番打者というのはつなぎの役割だけでなく、一番打者が出塁しなかったときに代わりに出塁できるかという役割も果たさなければならない。初回の攻撃で一・二番がともに倒れて二死走者なしでクリーンアップ（三・四・五番）を迎えるのと一死走者ありで迎えるのとでは、相手に与えるプレッシャーがまったく違い、試合の流れにも大きな影響を与えるのだ。また、できれば得点圏のチャンスをつくってクリーンアップに回したいので、二番打者は出塁したら盗塁を仕掛けられる選手であり、なおかつ長打力も備えている選手であることも大事。もちろんつなぎ役としてバント、エンドラン、バスターなども器用にこなす必要もある。私の中ではそれくらい重視しており、日本一になったチームを振り返ってみると必ず二番打者が機能している。

もう1つ、七番打者もポイントだというのは、初回の攻撃が三者凡退に終わった場合、2回の先頭である四番打者には一番打者として出塁する役割を求めることになる。すると五番が二番打者の役割、六番が三番打者の役割となり、七番には「四番打者として走者を一気に返してほしい」という役割が回ってくる。つまり、チャンスに強くて周りから信頼される打者でなければならない。

と、こうして常に最悪の事態を想定して、次のイニングの攻撃の起点からいかに打線をつなげていくかを考えている。基本的な考え方としては、一番打者はまず初回の攻撃の流れをつくることが大切なので、足の速さや選球眼などをポイントにしながら出塁率が高い選手を置く。チャンスで回ってくることが多いクリーンアップには勝負強い打者を置く。六番打者と七番打者には2回の攻撃で三・四番の役割もできる打者を置く。八番打者と九番打者には選球眼の良さや粘り強さがあって、上位打線につなげられる選手を置く。そして、どこからでも攻められる打順を組むのが理想だ。

積極的に攻撃を仕掛けて走者一・三塁を目指していく

攻撃面では、基本的に走者一・三塁をつくることを心掛けている。

無死や一死での走者一・三塁というのは、野球の中で守備側の選択肢が最も多い場面だ。攻撃側がスクイズやセーフティースクイズを仕掛けてくることもあるし、二盗や重盗も考えられる。さらに軟式野球の場合はエンドランも大きく警戒しなければならず、内野ゴロが転がったら二塁でのゲッツーを狙うか、それとも本塁での生還阻止を狙うかを、状況によってすばやく判断しなければならない。また外野フライならタッチアップもあるし、もちろん暴投や捕逸、失策など守備が乱れた瞬間に失点を許してしまう。考えなければならないことが多いからこそ守備側も集中力を欠きやすく、すごく守りにくいシチュエーションなのだ。

走者二・三塁なども攻撃側からすれば大チャンスなので相手にプレッシャーは与えられるだろうが、打者がクリーンアップなら「ある程度打たせてくるな」、打者が下位なら「スクイズやエンドランだろうな」などと攻撃パターンが読みやすいため、実は守備側からすれば打者との勝負にある程度専念できる。そう考えると、やはり走者一・三塁のほうが精神的優位に立てると思う。

そして走者一・三塁をつくるためにも、星稜中では「一塁走者は1つのプレーで三塁まで行く」というのを決め事にしている。だから、一塁走者は常に二盗を狙って打者の攻撃で一・三塁をつくりやすくしようとするし、単打が出れば果敢に三進を狙うし、作戦としてエンドランやバントエンドランなどもよく仕掛ける。日本一になった２０１７年の全日本少年春季大会の準決勝などでは、まさに走者一・三塁をつくったことで名門の明徳義塾中（高知）を大きく揺さぶることができた。相手のほうが力は上だったが、一・三塁になると投手が動揺してコントロールを乱したり、警戒してボール球で外しに来たり。そうやってカウントが悪くなったところでこちらがセーフティースクイズを仕掛け、さらに一・三塁が続いていく。そんな形で相手のリズムを狂わせて勝つことができた。

走者一・三塁の練習は普段から積み重ねていて、特にランナー付きノックなどはよく行っている。一・三塁だけにかかわらず、走塁で重要なのは状況判断と打球判断。守備位置を見てしっかりと頭に入れておき、打球の一部始終を見てから判断するのではなく、打球が飛んだ瞬間にはもう予測していてノールックでも動けるように判断力を磨いていく。

また、これは走塁の練習であると同時に守備の練習でもある。一塁走者が積極的に三進を狙い、三塁走者も虎視眈々と本塁生還を狙う。逆に言えば守備側はかなりのプレッシャーを感じながら守ることになるわけで、そのスピード感や緊張感に慣れておくと実戦でも慌てずに守ることができる。また「走者がこう動いてきたらこう動くんだよ」「こういう試合展開だった場合は1点を諦めてゲッツーを狙っていけ」といった考え方の部分も徹底して教え込んでおり、しっかりと予習ができている状態。あえて一塁走者に「挟まれろ」と指示をして挟殺プレーに持ち込ませることも多く、三塁走者が本塁へ突っ込んできたときへの対応、偽投の仕方、アウトにできるタイミングなども染み付いている。そして試合になればそれ以上に難しい場面もないため、選手たちは余裕を持って守ることができていると思う。

攻撃の話をもう少しすると、軟式野球では一・三塁を目指すことも含めて、走者を何とか三塁に進めようという考え方が主流だ。ホームランなどの長打がバンバン飛び交うことは少なく、外野へ飛ばそうとすると内野のポップフライが多くなってしまうが、一方で高く弾んだゴロは転がりやすい。また走者二塁をつくっても外野手が浅く

星稜中がテーマとする野球は、いかに走者一・三塁をつくって得点に結び付けるか。ランナー付きノックなどで普段から動き方やタイミングなどを徹底的に染み込ませている

守っているため、ヒット1本ではなかなか生還しにくい。そんな特性を考えると、やはり走者を三塁に進めてエンドランで1点を取りにいくのが確率の高い戦法ということになる。

走者三塁からはスクイズやセーフティースクイズを仕掛けることもよくあるが、軟式ボールのバントというのはさじ加減が難しい。思っていたよりもバウンドが高くなったり、バットとの反発で強いゴロになってしまったりすることもある。だからと言って、ボールの勢いを吸収しようとしてインパクトでバットを少し引いたりすると、ポーンとフライが上がってしまうのだ。一方、エンドランの場合はとにかくバットに当てればいいだけ。転がせば1点が取れるし、飛んだところが良ければヒットになる可能性もある。バント失敗でカウントを悪くするとスリーバント失敗も頭をよぎってしまうが、エンドランならその心配はなく、たとえファウルでも相手にプレッシャーはかけられる。いろいろな要素を考えると、確率的にもエンドランのほうが決まりやすいと言える。

ちなみに、1点を確実に取るためには極端な「叩き」のエンドランが有効だと思うが、それを習慣づけているとボールの上っ面を切るスイングが染み付いて力強さが出ない。また体の開きを誘発して変化球にも対応できなくなってしまうため、高校野球から先にはつながらないと思う。だから星稜中では、基本的に力強く振ることが前提。そしてエンドランを仕掛ける場合は、力強いレベルスイングの中で少しだけ「叩き」を意識させていく。ヘッドをしっかり立てながらボールの中心よりも少し上を叩いてゴロが転がればいいのであって、個人的には実際にスイングそのものまで変える必要はないと思っている。

あとエンドランにはもう1種類あって、それは走者一塁のケース。このときはコースによってセカンド方向またはショート方向に打ち分けることが大事で、内角なら引っ張り外角なら逆方向に押っ付けていく。二遊間の選手は一塁走者が走ったのを見て、ベースカバーやバックアップのために二塁ベースへ近づいていくもの。必然的にヒットゾーンが広がるので、空いたスペースを抜くゴロを目指すわけだ。そのためにはある程度の打球の鋭さも必要になるので、私はやはり「強いレベルスイングで打ちなさい」と言っている。

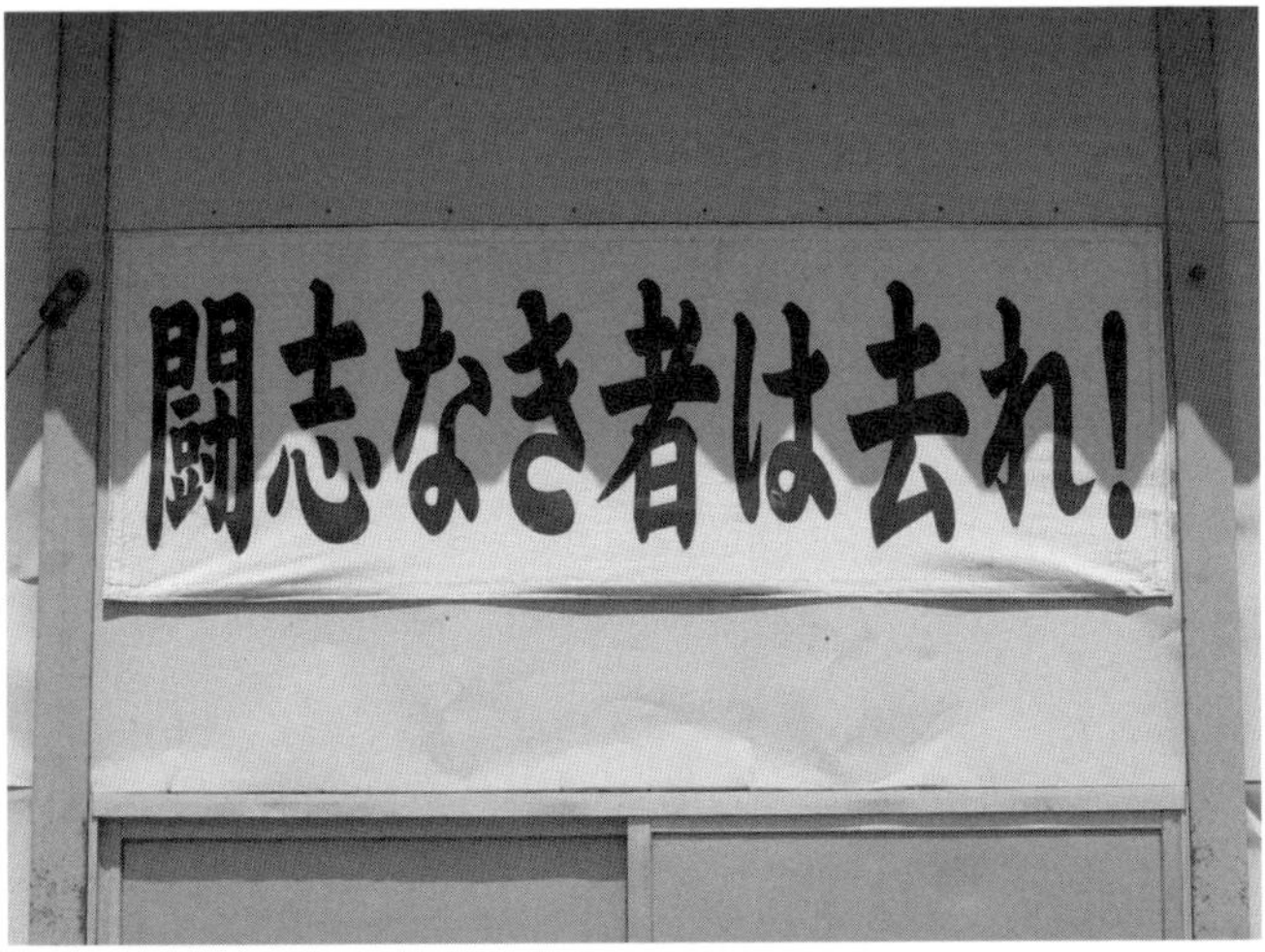
闘志なき者は去れ!

信は力なり

第4章　野球の技術の習得

ウォーミングアップで準備を整えて体の使い方の土台をつくる

星稜中での3年間では、もちろん野球の技術もしっかりと身につけさせてあげたい。そこでまず重視しているのは、すべての基礎となるウォーミングアップとキャッチボールだ。また、そもそも中学1年生はつい先日までの小学6年生であり、ほぼ高校1年生に近づいていく中学3年生とは体格もパワーもスピードもかなり大きな差がある。1年生が入学してすぐに3年生の試合に出るというのはよほどの能力の持ち主でないとあり得ないことで、基本的にはその後の成長を見据えて、まずはしっかりと戦える体をつくっていくことからスタートする。

中学生の体づくりというのは決して体の完成を目指しているものではないので、ウエイトをガンガンやって余計な筋肉をつけさせるということはしない。骨も筋肉もまだ発達途中の段階。そこに負荷をかけるとケガのリスクも高めてしまうので、体操やストレッチ、走り込み、サーキットトレーニング、体幹トレーニングなどで柔軟性やスピード、心肺機能や体の芯の強さなどを高めていくことがメインだ。

そしてやはり、正しい動きを覚えさせていくことが重要。いくら体が大きくてパワーが内蔵されている選手でも、その力を外に出し切れなかったら意味がない。逆に小さくても自分の体を100％使い切ってフルに力を発揮できる選手は、その後、高校などで骨格ができてからパワーをつけていけばグングン伸びていく。これまで野球を長く続けた選手たちを見ていても、共通しているのは体の大きさやパワーに頼らず、正しい体の動き方の土台を持っていること。特にここ数年の星稜中では、内山などがいい見本になっている。北村拓や岩下らと比べると明らかに線も細く、パッと見ではプロの世界へ行けるような体には見えない。ただそれでも体が強くて身のこなしも上手く、動きにキレがあって打球を遠くに飛ばせていたのだ。そして中1のときから抜擢して試合にも使っていたが、大きなケガもなかった。彼のように体が小さくてもエンジンの大きさを備えているかどうか。そこが重要なポイントだと思う。

正しい体の使い方を覚えさせるためには、さまざまな全身運動をして体のバランスを整えておくことが大事だ。第2章で説明したように冬場のトレーニングなどでも意識している部分だが、普段のウォーミングアップでも同じ。ブラジル体操、股関節や肩甲骨まわりを動かすメニュー、クリーチャートレーニング（動物の動きを採り入れた全身運動）などを行って、体を動かせるように準備をしている。

また星稜中では普段、「キャッチボールの1球目から全力で行け」と指導している。基本的には、フワーンとした肩慣らしのボールを投げることはNG。相手に「お願いします」と挨拶をしたら、いきなりバンバン投げていく。こういう習慣をつけておくと、選手たちもキャッチボールの1球目に対して準備をするようになる。ウォーミングアップもただ提示されたものをやるだけでなく、「体を痛めないようにするにはどうすればいいかな」と自分で考えて取り組むようになるのだ。また、全体のウォーミングアップの内容やダッシュの本数などは選手の様子を見て五田コーチと相談しながら決めているのだが、たとえば寒くて体が冷える日などはダッシュを20本近く行うこともあり、体をしっかりとほぐしてから練習に入るようにしている。新入生の保護者などはビックリして「いきなりあんなに思い切り投げて大丈夫なんですか」と言ってくることもあるが、それでも小学生時代にもともと肩ヒジを痛めていた子や投げ方

全力のパフォーマンスを発揮するためには、ウォーミングアップでいかに準備できるか。疲労が溜まって肩甲骨まわりや股関節まわりが硬くなったまま練習を続けた結果、全身運動ができなくなって故障につながるケースも多いだけに、普段からしっかりとほぐしておくことが必要だ

そのものに問題がある子を除けば、星稜中の選手たちは肩ヒジの故障をしていない。

それと、大会によっては入念な準備をできないまま試合に入らざるを得ないときもある。実際に全国大会でも、ベンチ前でのキャッチボール数球とシートノックだけの準備しかできず、そのまま試合に入って負けたことがあった。いつも確実に自分たちのペースで試合を始められるものだとは限らない。だからこそ、今は練習試合でもウォーミングアップの時間をあえて短く設定したり、試合開始の時間を勝手に30分早めたり、あるいはスタメンをギリギリまで伝えずにポーンと放り込んだりして、イレギュラーな状況に対応できる力も養うようにしている。そういう環境にも慣れておけば、いざ公式戦で予期せぬ事態が起こっても「まぁ、それくらいのものか」と動じずに試合に臨むことができる。

相手への敬意と思いやりを持って正しいキャッチボールを行う

今の時代は子どもが外に出て遊べる環境が少なくなり、公園や広場でのキャッチボールは禁止。一人で壁当てなどをする場所もない。さらに情報化社会の中でテレビゲームやスマホのアプリなどが溢れ、体を動かすことが減ってどんどん運動能力が落ちていくという懸念がある。そしてテレビ（地上波）ではプロ野球の試合を中継することもほとんどなく、野球離れが進んでしまっていると思う。

その影響もあるのだろうが、最近は一般的にボール投げを上手くできない子が非常に多い。野球で言うとまず「ボールを投げる」というのは基本中の基本。その土台が薄れているというのは非常に残念なことだ。

星稜中ではもちろん、キャッチボールは常に重視して取り組んでいる。まず初めに教えるのは、「キャッチボールは相手への敬意と思いやり」だということ。始めるときと終わるときにはきちんと挨拶をする。そして相手が捕りやすいところへ投げることを考え、悪送球をしてしまったときはちゃんと謝るのがマナーだよ、と。また、よく「胸に投げろ」と言われるが、それはなぜかということも説く。胸に投げてあげると相手はボールを捕りやすくなり、次の目標へ向かってボールを投げやすくなる。これが人から人へとつながっていくのがキャッチボールであって、物理的なボールのやり取りであるのと同時に「心のキャッチボール」でもあるのだと伝えている。

そこを理解させた上で、じゃあどうすれば相手の胸付近に投げられるか。どうすれば相手からの送球ミスをミスに見せないようにカバーできるか。そう問うと「正しいフォームで投げることが大事」「足を使って捕りにいくことが大事」という結論までスムーズに辿り着いてくれる。

捕球の仕方については足を使ってボールの正面に入り、グラブの芯で捕ること。またキャッチボールでは右足を出して捕球し、軸足に体重を乗せて持ち替えたら、ステップ足を踏み出すタイミングで投げる。このリズムを大事にしている。

さらに、正しい投げ方のポイントはいくつもある。まずはしっかりとトップの状態をつくること。そして腕を振っていき、基準としているのは帽子のツバの前でリリースすることだ。そうすれば、基本的には目標に向かってボールが真っすぐ向かっていく。ツバの前よりもさらに前方で離してしまうとワンバウンドになり、ツバよりも後方で離してしまうとシュート回転して球が抜けていく。この感覚をまずは経験させていく。またフォームとして私がよく見ているのは、ヒジが肩のラインよりも下がっていたり、また逆に上がりすぎたりしていないか。肩の位置がゼロポジションに入った状態で投げられているか。体幹を中心に軸を立てているか。軸足の内側を相手に向け、ステップ足を相手に対して真っすぐ踏み込めているか。ヒップファーストで投げられているか。全体的に目線はぶれていないか。パーツに分けて1つずつチェックしている。

ただし、投手にしても野手にしてもそうだが、基本的にこちらからフォームをああだこうだと指摘していじることはしないようにもしている。あまりにも基本から外れていたり、あるいは間違いなくケガにつながるという投げ方の場合は強制するが、そうでなければまずは本人が思うように投げさせる。そして、「なんでうまくいかないんだろう」などと疑問が浮かぶようであれば、そのときには質問してくるようにと伝えている。

それはなぜかと言うと、たとえばヒジの位置が少し低いからと言って理想を求めていくと、その子のバランスそのものが崩れてしまう可能性も大いにあるからだ。こういう腕の上げ方をしているから股関節が上手いこと動いて上下のバランスが合っているとか、こういう体の使い方だから体幹の強さが伝わっているとか、そういうケースもよくある。また中学生の場合はそもそも成長期であり、体が未熟だからこそ動きでカバーしようとしてクセが出ている部分もある。そういうときは体が完成に近づくにつれて、自然と直っていくことも多いのだ。

だから、こちらがグレーゾーンだと判断できる場合は基本的には指摘をしない。自信を持って思い切り腕が振れていれば、ひとまずＯＫ。足の上げ方やステップの仕方、体重移動の仕方、腕の回し方などは人それぞれであり、自分の感覚で投げてみながら〝投げやすいフォーム〟〝力の伝わりやすいフォーム〟を見つけていけばいいと指導している。有効なのは正しいフォームの選手の映像を見て、自分のフォームと比較させることだ。そして、最終的に選手が悩んで質問してきたときというのは、逆にこちらのアドバイスもすんなりと頭に入っていく。壁に当たったときになって初めて「こうしてみたらもっと良くなるよね」とヒントを与えるようにしている。

キャッチボール(投球)のポイント

○

×

キャッチボールをする際にポイントとして見ておくのは、野手のスローイングであればトップに入れる状態がつくれているかどうか。「ヒジを耳の近くに持ってくるようにして腕を上げてこい」と言うと、ボールが落ちてヒジが肩よりも高い位置に上がる（写真○）。あとはそこから体を回して腕を振っていくだけで、自然とスローイングのトップがつくれるようになるのだ。腕を大きく回しながらトップへ持ってくるのも悪いことではないが、動きがバラバラになりやすい。スローイングが安定しない子の中にはヒジが耳から遠ざかり、手の位置も離れて腕だけで投げてしまうケースが多い(写真×)。ちなみに投げ方が分からなくなって、いわゆる〝イップス〟に陥った子には、バスケットボールなどの大きいボールやペットボトルなど、重いものを持たせて投げさせていくと良い

キャッチボール(捕球)のポイント

キャッチボールで送球を受ける際は、利き腕側の足を出して捕ること。つまり、右利きの場合は右足を出しながら捕る。一般的には左足を出しながら捕りにいく選手が多いが、これだと捕ってからもう一度ステップを踏み直すことになってしまう。また同じほうの手足を同時に出すというのは、実は動きとしてのバランスも悪い。人間は歩くときに手足を対にして動かすもので、左手を出すときには右足が出るのが自然。右足を出しながら捕れば、パッと持ち替えながら軸足(右足)に体重を乗せることができて、あとはステップ足(左足)を踏み出すだけで送球に移行できる。最初は難しいので、歩きながら「捕る＆投げる」を繰り返していき、少しずつ縮めていくと良い。そして、グラブの芯で捕球できているかどうかも重要だ。

バッティングではスイング量を確保
いかに根気強く取り組んでいくか

投げ方は選手が自ら気付いて直すことを基本としているが、打ち方についても同じだ。特にバッティングは投手が投げてきたボールに対応していくものなので、フォームが良ければそれでいいというわけでもない。こちらのアドバイスでハマることもあれば、バランスを崩してしまうことも十分に考えられるので、やはり型にはハメないようにしている。

ただ実は、キャッチボールがしっかりできている選手というのはバッティングも連動して良くなるものでもある。体重移動の仕方に違いはあるものの、フォームとして見るとバッティングでの腕の使い方や足の使い方、ヒジの抜き方などは投げるときと基本的に同じ要素だからだ。したがってバッティングの技術を伸ばしたかったら、まずはキャッチボールの技術をしっかり身につけることが大切だと思う。

打ち方というのは、投げ方以上に選手の主観が大きなウエイトを占めるものだ。バットを構える位置やバットの寝かせ方、トップのつくり方や足の上げ方、タイミングの取り方など、本人にしか分からない体のリズムや微妙な感覚があるので、そこをいじるわけにはいかない。

ただ全員に共通する大きなポイントとしては、力強くレベルスイングをすること。これだけはしっかりと伝えている。

私は軟式や硬式を問わず、野球では〝縦回転のレベルスイング〟が大事だと思っている。いかに手首を立てて、強く振って打球を鋭く遠くへ飛ばしていくか。手首が寝るとどうしてもボールの勢いに負けるし、特に軟式の場合はこすったような弱いフライが多くなってしまう。だから〝縦回転のレベルスイング〟を基本とした上で、高めや低め、内角や外角などの各コースにどうやってヘッドを出していくか。そのイメージをして素振りを重ね、自分なりに力を伝えやすいフォームを身につけてほしいと思っている。

そして実戦に入る場合、意識として伝えているのは「右打者はセカンドの頭を狙いなさい」「左打者はショートの頭を狙いなさい」。センターから逆方向に強く返していこうとすれば、自然とヘッドが立って力強いレベルスイングができる。

したがって、たとえば右打者が最初からサードやショートやレフトを意識して打っていく様子が見えたら、その時点ですぐ交代。一方で「センターから逆方向」に打とうとする意識はスイングを見ていれば分かるものなので、結果的に引っ張った方向に打球が飛んでいても意識が見て取れれば不問だ。そして内角球に詰まってでも逆方向に打球を飛ばそうとしている選手は、むしろ評価する。それくらい徹底していかなければ、バッティングの意識をチーム全体に浸透させることは難しい。

さらにバッティング技術を上達させる上で最も大事なのは、まずはとにかく回数を振ること。チームとしては1日1000スイングを掲げているし、全体練習の中で1時間ほどスイングの時間として確保することもあり、休業期間は全体練習だけで毎日平均500スイングはしていると思う。バットを振っていく中で感覚が芽生えてこそ技術も身につくわけで、絶対的な数が少ないうちはスイングの力強さが備わってこないので、質を高めても効果が薄い。スイングが理に適っているかどうかはさておき、まずはバットを振るクセをつけていくこと。これまでバッティングで結果を残して高校でも活躍した選手はみな、中学時代からバッティングへの意識が高くてスイング量も多かった。

そもそも普通に考えて、本気で1日1000スイングを実践すればそれなりのスイングスピードはついてくる。また練習では基本的に900グラムの竹バットを振っているので、体の力強さも身についてスイングの軸がしっかりしてくるのだ。そうやってスイング量を求めたら、その次に求めるのは飛距離。ロングティーを行い、150％や200％の力でとにかく遠くへ飛ばしていく。最初からミートを意識するとただ当てにいくだけのスイングになりがちだが、まず自分のスイングの最大値を知ることができれば、7～8割の力強さを保ちながらミートを重視するというスイングも分かってくる。

回数をこなしてスイングの土台をつくり、飛ばす力を備えていく。ここまでは誰もができるところだと思うので、全員に求めていく部分だ。そして「だいぶスイングが変わってきたな」「打撃に対する意識が高くなってきたな」と思った選手には、五田コーチに技術を落とし込んでいってもらう。五田コーチも「バッティングに近道はない。根気強く続けて極めていこうという精神が大事だ」とよく言っている。

バッティング技術の部分だけにかかわらず、素直さや謙虚さを持っていて精神的にぶれない選手というのは、必ず伸びる。これは間違いないと私は言い切れる。

たとえばバッティングをしていて、三振した悔しさが表情や態度に表れてしまったり、ベンチに帰ってきて嫌なオーラを出す選手がいたりもするが、そういう振る舞いを許していたらチームは強くならないし、そういう選手が1人でもいたら勝てない。悲しくても悔しくても、どれだけ失敗しても絶対に表情や態度には出さず、いかに平常心を保てるか。〝フォアザチーム〟の精神を持つ子はすべてのことで伸びていくのだ。

さて、ここからは五田コーチの理論も参考にしながら、星稜中の練習における技術的なポイントや練習ドリルをいくつか紹介していく。

打撃の技術ポイント❶

バッティングで中学生が陥りがちなのが、構えているところから直線的にバットを出して打ちにいってしまうこと。なぜそうなるかと言うと、小学生時代は変化球が禁止されていてストレートだけを待っていれば良かったため、一定のタイミングしか取れなくなっているから。学童野球では、あらかじめ両腕を引っ張ったトップの状態をつくって固めておいて、ただドーンと力強く衝突させるだけで結果が出やすいのだ。ただ、これでは「静から動」のバッティングなので、変化球に対してはボールを迎えに行ってしまう。だからこそ、まずはテークバックで両腕をしっかり引っ張っていき、「動から動」でトップをつくりながら割れていくという要素を身につける必要がある。足を上げてからステップして前に着地させるとき、特に後ろの手を最大限に引いて、弓を引っ張った状態をつくることが大事だ。

打撃の技術ポイント❷

もう1つ、バッティングでの大きなポイントは、トップをつくった状態からバットを落下させて打ちにいくときの形。このときに投手側の体幹でバットを引っ張っていき、逆に捕手側の体幹が屈曲して捻れがあることが大事。そこに捕手側のヒジが落下して体に巻きついてくると、ヒジをたたんだまま内側からバットを出していける。さらに軸足が回らないように粘ることも重要で、多くの中学生はバットを引っ張って落下させていくのと同時に軸足のカカトが浮いてしまう。これだと体幹の捻れ(割れ)がなく肩と腰とヒザが一緒に回ってしまうので、変化球に崩されていてもバットが止まらないのだ。バットを落下させていくときはまだ軸足のカカトがついているか、浮き始めたとしても内側にエッジを利かせている状態が理想だ。また左打者に多いのが、バットを振り切る前にステップした足のつま先がめくれてしまうこと。いわゆる〝走り打ち〟で、やはり変化球にタイミングを外されたときに粘れないので、右足が着地したときにめくれないようにブレーキを掛けることが大切だ。

ティー（トス）バッティング形式

ある程度のスイング力が身についた選手は、前ページの2つのポイントをティーバッティング形式（パートナーにトスしてもらう）の練習でしっかりと身につけていく。まずはボールを軸足の前に上げてもらい、それを逆方向のライン上（右打者なら一塁線）に向けてライナーで打ち返す。そうするとスイング自体が前に行かないので、自然と体幹の捻れをつくって打ちながらも軸足のカカトが浮かなくなるのだ。ただ、こればかりやっていると今度は内角が打てなくなるので、次は正面から内角高めにボールを上げてもらい、大根切りのようなイメージで打つ。バットを落下させた瞬間に反転して手だけをパッと出し、体を回さずに払う感覚だ。これで体の開きも抑えられるので、内角球をファウルせずに捉えることができる。常にボールをグーッと引きつけて体重を残したまま見逃す選手というのは、実はタイミングを取れていない。変化球にも上手く対応できる選手はステップして打ちにいきながら打てるかどうかを判断し、合わないと分かった瞬間にバットの落下を止めているのだ。

フリーバッティング形式

スイングの形ができてきたら、実戦に向けてフリーバッティングでも打ち込んでいく。星稜中の場合、同じ石川県内のチームなどは基本的に変化球を操る技巧派投手や変則タイプの投手をぶつけてくることが多いため、大きなテーマは変化球。山なりに近いような緩いボールを投げてもらい、ストレートに合わせてタイミングを早く取った状態から、待ってからでもしっかりフルスイングするという練習をしている。さらに変化球へのバットコントロールを養うために、あえてワンバウンドのボール球を打つという練習もする。また秋の新チーム結成時などは、引退した3年生に打撃投手をやってもらうことも多い。この場合はストレートを投げてもらい、格上の選手が投げてくるボールのスピードに慣れるというテーマを設定している。ちなみに普段は将来性を買われた1年生投手が打撃投手を務めることが多く、打者と勝負しながら投球を磨いてアピールしていくという場にもなっている。

スイング力向上ドリル

1：真正面を向いて構えて打つ

まずは投手に向かって体を正対させ、バットの先を地面につけて構える。両足は真正面を向いた状態で固定。ここから投手の投球動作に合わせて体を捻っていき、ボールが来たら強く打っていく。リストを使ってヘッドを利かせることがポイントで、最初のうちは引っ掛けた打球になっても構わない。大事なのはむしろ、引っ張った方向に飛んでいるかどうか。なお、最初にバットを地面につけるのは、バットの重みを感じながら下半身を使って体を捻っていくようにするためだ。

2：左右の足を前後に揺らして打つ

通常の打撃と同じように横を向いて構え、左右の足を前後にブラブラと揺らしながらタイミングを取って打っていく。左右の足を揺らすことにより、スムーズな体重移動も覚えられる。また足を動かすことで下半身を意識することになり、上体に余計な力が入らなくなる。ボールが来たらもちろん、リストを利かせて思い切り引っ張っていく。

3：股関節をグッと入れて打つ

打席で構えたところからバットを外し、他の選手にオモリとして正面から寄りかかってもらい、両手でその選手の体をグッと支える。すると体の内側にグッと力が入り、股関節がしっかり入った状態になる。この状態をキープしたままバットを持って構え、思い切り引っ張ってボールを打っていく。重心が安定した状態で打てるため、打球にもより力強さが伝わっていく。

4：打ち終わりで軸足を1歩踏み出す

股関節をグッと入れた状態をキープしたまま打っていくのだが、今度は打ち終わった後に軸足をベース側へ1歩踏み出していく。軸足をあえて前に踏み出すことで、前へ突っ込むクセや左打者の〝走り打ち〟を矯正できる。またフィニッシュで体が開き切っている場合、軸足を前に出そうと思っても踏み出せないが、回転した後も体がしっかり残っていれば軸足を踏み出せる。つまり、思い切り引っ張ったときの感覚でスイングしながら、同時に体の開きも抑えられるようにもなる。最初のうちは不自然でもいいので、続けてみると良い。

軟式野球では打撃のみで点を取ることは難しいが、速い球をしっかり弾き返せるだけのスイング力は必要不可欠。それを養うドリルが次の4種類。すべてに共通しているのは、右打者ならレフトポール、左打者ならライトポールを目掛けて、思い切り引っ張って遠くへ飛ばそうとすること。もちろん強引なスイングは体の開きや大振りなどを誘発するため、実戦ではNG。ただ土台づくりという意味では非常に有効で、必然的にリストを使ってヘッドがしっかり返っていき、インパクトが強くなる。

キャッチボール向上ドリル

冬場などにはキャッチボールの基礎として、5メートルほどの短い距離でスムーズな腕の使い方やハンドリングの柔らかさを養う練習を積んでいる。徹底して反復することにより、正しい体の使い方を染みつかせておくのだ。普段のキャッチボール前にも習慣として、各メニューにつき10球ずつほど行っている。

1：ダーツ投げ

体を真横に向けて両足を固定し、ヒジを支点にしてボールを投げていく。ダーツのようなイメージでヒジを外へ逃がすことなく、柔らかく使いながらもヒジから先を真っすぐ伸ばすことが大事。

2：正面投げ

今度は体を正面に向けて、両足を固定する。そして上半身を少し後ろへ捻りながら、テークバックを取ってボールを投げていく。このときも投げるほうの腕はダーツのときの使い方をイメージして、ヒジを支点にする。

3：サイドスロー&アンダースロー

短い距離で相手に向かってサイドやアンダーなど、いろいろな腕の高さでボールを投げてみる。これを反復することで、どんな体勢からでも送球できる感覚が身についていく。ヒジを柔らかく使いながらも、ヒジを支点にして狙ったところへ真っすぐ伸ばしていく。

4：トス

片手でボールを持ち、正面を向いて相手にトスをする。このとき、手のひらを相手に向けるのではなく、手を真横に出していくことがポイント。握手をするように親指から手を出していくか、もしくは腕を少し外側に捻った状態からスタートし、小指側から手を出していくか。両方ともできるようにしておくと、腕を柔軟に扱えるようになる。

手を真横に出していくパターン

トスをするときは握手をするように親指から出していく

手を少し外側に捻って小指側から出すパターン

腕を外側に捻ったままトスしていく

5：バックトス

手でボールを握った状態から相手にヒジを向け、手のひらを見せるようにしてトスをする。投手のスクイズ処理や二塁手の二遊間での併殺など、実践でも必要なプレーだ。これもまた、ヒジを支点にすることが大事。

6：グラブトス

ボールをグラブの中に入れたまま、相手に向かってトスをしていく。コントロールを安定させるためには、狙ったところへ手のひらを向けていくイメージが良い。投手のバント処理や二遊間の併殺などにつながるのはもちろん、グラブ側の手の感覚も研ぎ澄ませることができる。

ゴロへのアプローチ練習

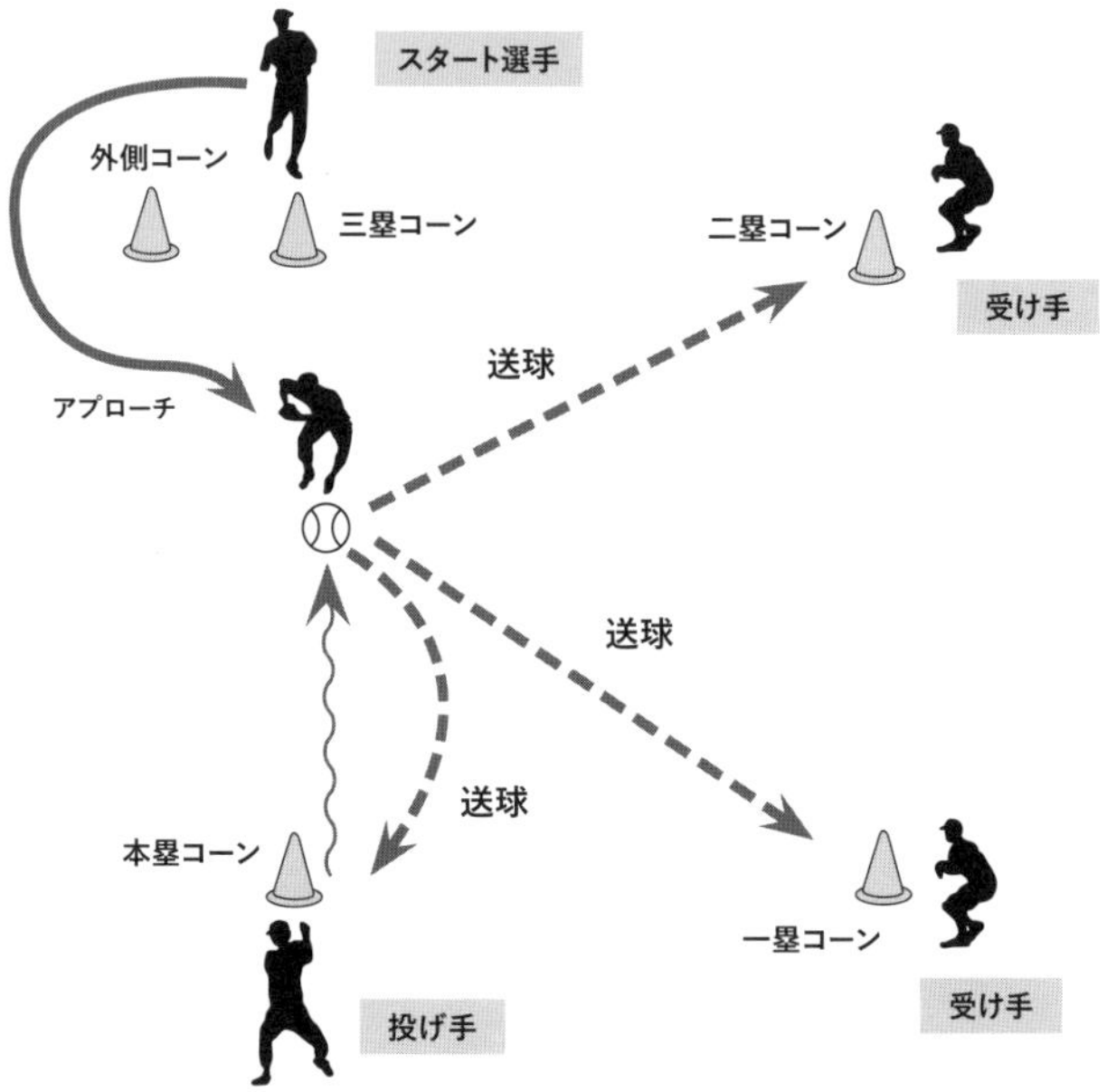

星稜中ではキャッチボールやペッパーなどをひと通り終えたら、守備練習や打撃練習に入る前に必ずゴロへのアプローチ練習を行う。まず小さなダイヤモンドをつくって4か所にコーンを置き、三塁には外側にもう1つコーンを並べる。そして投げ手は本塁、他の選手は三塁に待機。準備ができたら、投げ手がゴロを転がしていく。これに対して選手は三塁の外側にあるコーンをいったん回ってからゴロの軌道に入っていき、捕球したらボールを本塁、一塁、二塁の各コーンへ転送していく（緩いゴロの捕球、高いバウンドのゴロのショートバウンド捕球の2パターンで「通常の送球」「回転して送球」をそれぞれ行う）。このドリルの目的はゴロが転がってきたとき、常にボールを体の左側に置くイメージを持たせること。ゴロに対して正面からぶつかっていこうとして、その後に足をうまくステップできない選手は多い。だがコーンの右側を回るように習慣づければ、自然とボールに対して右側から入っていくようになる。そうすれば左側へ送球しやすいので足の運びを覚えることもできる。なお、通常は5～10人くらいで1組を作り、送球したら投げ手と交代してローテーションで効率よく行う。

守備練習の流れ

★キャッチボール

塁間の距離を取って２人１組で交互に捕ったらすばやく投げ、10球連続で胸に投げられるように練習する。

⬇

★カットプレー

４人１組で距離を取り、１つのボールでリレーを行う。カットプレーの要領で後ろから来るボールを横になって捕りながら、ステップしてすばやく次の人へ転送していく。

⬇

★ゴロへのアプローチ(右ページ参照)

コーンを置いて４か所に分かれ、手で転がしてもらったボールを捕って投げる。股を割ってゴロを捕る形やいったん右側から回って打球を見るクセ、捕ってからバランスよく送球につなげる感覚などを養っていく。

⬇

★ペッパー＆バント

投げ手には15メートルくらいの距離を取ってもらい、ハーフバッティングに近い形でボールを強めに打ち返していく。投げ手は投げたらすぐ打球に備えて姿勢を取ること。これを続けるだけでもスタミナがつく。これが終わったら、今度は同じ形式で守備もつけて一塁側や三塁側へのバントも行っていく。

⬇

★ノック

守備位置についてノックを行い、実際の打球に対してゴロ捕球や送球のステップなどが実践できているかを確認していく。ノッカーは選手が捕れるか捕れないかというギリギリの場所に打つなど実戦に即した打球を打つこともあれば、あえて緩い打球を打って１つずつの形や足を動かしていくことを意識させることもあり、緩急をつけている。

走り方を整える基礎ドリル

普段の歩き方や走り方の姿勢が整えば、体の正しい使い方もプレーの力強さも自然と備わっていく。各メニューで意識するポイントは腹筋から股関節にかけての部分。そこを中心にして体が真っすぐになるように意識すれば、軸がぶれずに姿勢が整っていく。

1：軸を意識して歩行

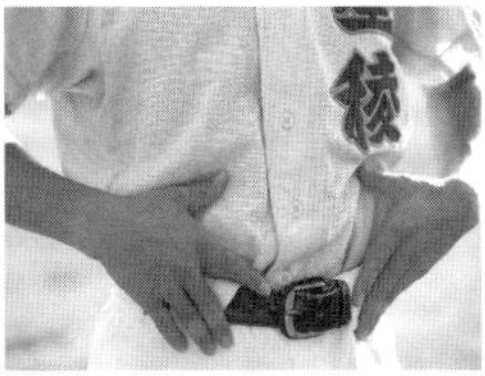

まずは親指で肋骨の下、残り４本の指で脚の付け根あたりを押さえ、腹筋から股関節までを中心に体の軸が真っすぐになるように意識する。実際に触ることによって、意識をより高めるのが狙いだ。この状態で足を高く上げて歩いていくのだが、足を下ろすときには一度真っすぐ伸ばしてピタッと止めること。指で押さえている部分が真っすぐになってから下ろせているかどうか、確認してから足を踏み出すことが大事。

2：足の入れ替え

一般的なモモ上げの要領で片足ずつ高く上げながら、足をすばやく入れ替えて前へ進んでいく。片方の足を着地する前にもう一方の足を上げるくらいの意識が大切。着地してから地面を力強く押そうとするのではなく、「上へ、上へ」とポーンと跳ね上がるイメージであれば、しっかり地面からの反力を利用して蹴ることができる。

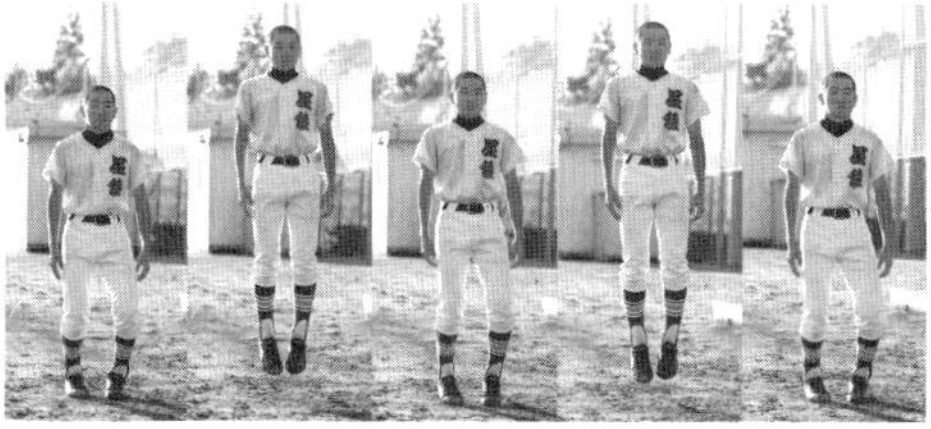

3：両足ジャンプ

両足を揃えて立ち、体の軸を真っすぐキープしたままジャンプして前へ進んでいく。自分がボールになったような感覚で、地面からの力をもらってピョンピョンと跳ねていくことが大切。

4：フロントランジ

「軸を意識して歩行」の応用。歩いていく中で、少し大きめに足を踏み出して着地したら、グッとヒザを曲げて体を沈めてフロントランジを行う。勢いで足を下ろすと体幹を意識できないため、やはり足を下ろす直前には真っすぐ伸ばしてピタッと止めること。そして軸がキープされているのを確認してから落とす。また体を深く落としたら、そこから腕を振る動きに合わせて一気に足を上げること。走るときの腕と足の連動にもつながってくる。

5：足の入れ替えスキップ

「足の入れ替え」の応用で、着地したら片足でスキップを入れてから足を入れ替えていく。ポイントはやはり、足をすばやく入れ替えること。またスキップのときには足裏の拇指球を使って、跳ねるようなリズムを意識して一気に入れ替えていく。そして、下ではなく上に力が向かうように意識することが大切。

第5章　中学軟式が秘める可能性と役割

ケガのリスクが少ないことやチームワークを学べることが中学軟式の大きなメリット

一般的に「野球」と言うと硬式野球をイメージされることが多いが、中学校の部活動の場合、野球部が行っているのは軟式野球だ。中学野球にはシニア、ボーイズ、ポニー、ヤング、フレッシュといった硬式野球のリーグもあり、そちらを経由して高校野球（硬式）に進んでいく選手も多い。一方で星稜中の選手たちは中学時代には軟式野球をしていて、高校に上がって初めて硬式野球に挑戦することになる。

では、中学で軟式野球をしている彼らは果たして不利なのか。私は決してそんなことはないと思う。

そもそも使うボールが軟式だろうと硬式だろうと、野球が上手い子というのは基本的に上手い。もっと言えば基礎的な身体能力があって体の使い方も上手なので、どんなスポーツをやらせてもそれなりにこなせてしまう。要は、軟式ボールと硬式ボールの特性を理解していればちゃんと対応できるものであり、現にプロ野球で活躍している選手の中にも中学軟式野球の経験者はたくさんいる。
軟式野球と硬式野球には、それぞれにメリット（逆を言えばデメリットも）がある。

私が思う軟式野球の大きなメリットは、まずケガのリスクが少ないことだ。軟式ボールは硬式ボールよりも軽く、単純に考えても肩ヒジの関節や腰などにかかる負担は軽減される。中学生というのは大半がまだ成長期の途中におり、体が未熟な子も多い。重いボールを扱える体ができていればいいが、成長の度合いに伴わない負荷をかけていれば当然、故障しやすくなってしまう。

一方で硬式野球のメリットは、いち早く硬式ボールの扱いに慣れることができるという点だろう。重さや硬さ、投げるときのリリースの感覚、バットで捉えたときの弾き方やフライの上がり方、ゴロのバウンドの跳ね方……。それらを頭でも体でも理解できているから、高校野球の世界に飛び込んでもパフォーマンスをそのまま発揮できる。

また中学硬式は基本的にクラブチームなので、選手が行動しやすいという部分もメリットだろう。中学軟式にもクラブチームはあるのでそれは別として、中学校の部活動の場合は休日の設定や練習時間の制限など、決められた範囲の中でしか動けない。日常生活の中でなかなか練習ができないという状況を考えると、クラブチームに所属している選手のほうが練習時間は確保しやすい。

ただ逆にチームワークという点では、野球部のほうがまとまりやすいのではないかとも思う。学校というのは同じタイムスケジュールで同じ行動を取り、同じ空間などを共有できる場所。全員の生活リズムが似てくる上に、同じクラスで授業を受けたり、共通の友人がいたり、帰り道が途中まで一緒だったりとグラウンド以外での関わりもあるため、何も言わなくても心が通じ合っていく部分がある。また私たちは私立校だが、公立校の場合は同じ小学校から進学したメンバーも多くいるだろうし、親同士が深くつながっていることもよくあるだろう。さらに部活動は教育の一環でもあり、基本的に中学軟式で指導するのは学校の教職員。みんなでまとまっていくことの大切さを実感しやすい環境にあると思う。

なお、実は高校野球から先の世界では「中学軟式から上がってきた子は伸びしろがある」と言われることもある。それはおそらく小・中学生時代に軟式ボールを使って

普段から同じリズムで生活し、同じ時間や場所を共有しているというのが部活動の強み。チームワークも全国屈指だ

いたことで、ケガをせずに成長してきたという部分が大きいと思う。また、高校に入学した時点で「この子は上手いな」と感じるのはたしかに硬式出身者のほうが多いのだろうが、軟式出身者はボールの質やスピード感などに慣れていないだけ。2〜3か月のロスはあるものの、いざ時間が経ってしまえば硬式出身者の「慣れ」の部分の貯金はなくなり、むしろ新鮮さを感じながら必死に食らいついていった分だけ、軟式出身者のほうが伸びるのではないか。もちろん、大前提としては「上手い子には何をやらせても上手い」のだが、軟式出身の子が伸びているとすれば、その要素が大きいのではないかと思っている。

軟式ボールと硬式ボールで野球はどう変わるか

ここで、軟式ボールと硬式ボールの特性についても触れていこうと思う。

簡単に言ってしまえば、一般的に軟式ボールは表面がゴムで柔らかくて軽く、硬式ボールは表面が革で硬くて重い。またバットに当たったときで言うと、軟式ボールは潰れてから跳ね返っていくが、硬式ボールは力がそのまま衝撃として伝わっていく。そして地面に転がったときのバウンドは、軟式ボールだと球足が遅めでしっかりと弾み、硬式ボールだと球足が速めであまり弾まない。

ただ、現在の軟式ボールは重さや大きさ、反発の仕方なども含めてわりと硬式ボールに近づいており、ひと昔前ほどボールの違いによる差は感じない。ゴロが高く跳ねて内野安打になるという軟式ボール特有のケースなどはまだあるものの、3バウンド目以降は基本的に硬式ボールの跳ね方と同じだ。

したがって、野球のスタイルも硬式にだんだん近づいてきたと思う。今まではエンドランも含めて上からたたきつける打撃を多用し、内外野の守備では平凡なポップフライや高いバウンドのゴロに備えて浅めにポジションを取っていた。しかし、近年はそこまで極端な戦い方をするチームが少なくなってきている。

これはボールだけでなく、バットの変化も大きいだろう。『ビヨンドマックス』をはじめとする高反発バットの登場によってあまり力のない打者でも遠くへ飛ばせるようになり、フライの角度も上がって、今では中学生でもサク越えのホームランはめずらしくない。また打球スピードも上がり、バウンド後の球足も速くなったため、星稜中でも守備位置は全体的に1～2歩ほど深めにしている。逆にショートの頭やセカンドの頭を越えてポトリと落ちる〝エアーポケット〟の打球が多くなるので、ちゃんとケアしなければならない。さらに内野ゴロに対する意識も、以前はとにかく足を使って前に出ていたのが、今はまずバウンドを見極めてから、前に出ていくか、打球を待つか、判断するようにしている。

バッティングに関しては、基本的にヘッドを立てて力強くレベルスイングをすることが大事。さらに、フライを上げるよりも鋭いゴロやライナーを打つほうがセーフになる確率は高い。これは軟式でも硬式でも共通している部分だ。そして、もちろん戦術的にエンドランは今も主流ではあるが、「とにかく上から叩きつけてゴロを転がせ」という打撃は減ってきたように思う。

ただし、以前ほどの差はないにしても、やはり軟式ボールの特性を理解する必要はある。

よく「硬式よりも軟式のほうが打つのは難しい」と言われることがある。正直、私もそう思う。硬式の場合、しっかりトップをつくってしまえば、あとはインパクトまでにどれだけの力を発揮できるかが勝負になる。体の軸を中心に強く回転してパワーやスイングスピードさえ出すことができれば、バットとボールの衝突だけで遠くに飛ばせるのだ。しかも使うのが金属バットであれば、当たったのがバットの根っこでも先っぽでもしっかり反発してくれる。

一方、軟式の場合はいくら強いスイングで衝撃を与えても、インパクトの時点でボールがベチャッと潰れてポップフライになってしまうことがよくある。したがって、バットをバチーンと強く当てていくだけでは不十分。潰れたボールが元に戻る瞬間を待ってから振り切る——つまり当ててからさらにグッと押し込んでボールを運んでいくような動きがないと、強く弾き返せないのだ。そのためには自分のヒッティングポイント、あるいはその少し後ろまで引きつけ、ボールをしっかり呼び込んでやや詰まるくらいの感覚で打たなければならない。硬式野球はヒッティングポイントを前に設定しても強い打球が飛んでいくが、軟式野球はそれだとなかなか飛ばない。言ってしまえば、軟式のほうが打てるポイントの幅が狭いということだろう。

ただ、これはある意味でメリットでもある。自分のヒッティングポイントまでボールを呼び込むというのは、軟式だろうと硬式だろうと野球において非常に大事な要素。軟式野球でボールをしっかり呼び込むクセをつけておけば、投球を長く見られるのでボール球を見極める技術も身につく。いわゆる〝体の開き〟が起こらないので、打てる確率も高まるのだ。

投手対打者の勝負では、自分の体の面を相手に見せたほうが負けてしまう。正面を向くということは、投手の場合は投球のリリースが分かりやすくなってしまうし、打者の場合はタイミングがずれてボールを力強くとらえることができない。だから投手は横に移動する時間を長くしようとし、打者は〝体の開き〟を我慢しようとする。話を戻すが、軟式野球でこの「体の面を見せない」という技術が習得できていれば、あとは骨盤を使って体の軸を回してスイングすることに専念すればいいわけで、硬式野球のバッティングをよりシンプルに考えることができる。

軟式野球の技術を習得すれば硬式野球でも大きく生きる

軟式野球でしっかりと技術を身につけていれば、硬式野球にもつながる。これは間違いない。

たとえば硬式野球の一流打者が軟式野球をすると、ものすごく高い内野フライを打つケースが多い。ヘッドスピードが速くて打球に鋭い回転は掛かるが、硬式野球の感覚に慣れていてヒッティングポイントが前になっている分、しっかりボールを弾き返せていないのだ。逆にこれまで私が見てきた中で、軟式野球でバッティングの技術を身につけた選手を見てみると、硬式野球に移っても打ち方が雑にはならなかった。

1つ、忘れられないエピソードがある。

あるとき、ＢＣリーグの石川ミリオンスターズで当時監督を務めていた金森栄治さん（現・東北楽天ゴールデンイーグルス二軍打撃コーチ）から、「練習場所がないのでグラウンドを貸してほしい」とお願いされた。せっかくの機会なので、勉強のために私も選手たちも練習の様子を見ていると、金森さんが「軟式ボールを打たせてもらえないか」と言ってきた。その理由を訊くと、「野球の原点は軟式なんだ。軟式ボールを上手に打てないようでは、硬式ボールを打っても絶対に伸びない」と。そして「とにかくボールを呼び込んで、呼び込んで、最後に骨盤でパーンと回る練習をしないといけないんだ」と言っていた。

実際、ミリオンスターズの選手たちを見てみると、最初のうちはやはりポップフライばかりでなかなか遠くに打球が飛んでいかない。だが少しずつボールを引きつける意識をしていくと、だんだんヒッティングポイントが後ろになって打球の勢いが変わってきた。最後に「その感覚のまま硬式ボールを打ってみよう」ということで、打撃練習へ。すると、軟式ボールを打つ前の練習のときとは見違えるほどに、打球がガンガン遠くへ飛ぶようになっていたのだ。

その変化を目の当たりにして、私は軟式の打撃の難しさを感じ、同時に「軟式ボールを打たせることで体の使い方を覚えさせることができるのか」と、目から鱗が落ちた。もちろん、硬式ボールで練習しても身につけることができるとは思うが、軟式ボールであれば選手たちにより分かりやすく伝わるのだろう。

さらに、金森さんは「守備も軟式ボールで練習させたい」との考えも持っていた。硬式ボールのゴロは速くてあまり跳ねずに転がってくるので、打球の軌道を見極め、グラブを下につけてそこに置いておけば、ボールが勝手に入ってくれる。ところが軟式ボールのゴロは大きく跳ねる上に、どういうバウンドをするのかも分かりにくい。したがって、足を使って移動しながら自分で距離感を調節していく作業が多くなる。だからこそ、目線がぶれないことの大切さも感じられるし、来たボールに対してタイミングを合わせる練習にもなる。そこが守備の上達のポイントであり、さらには打撃にも生きてくるのだと。野球の幅を広げるという意味では、軟式の技術を習得するのはすごく有効なことだと思う。

積極果敢な走塁が多いのも軟式野球の大きな魅力

野球はものすごく魅力のあるスポーツだと思う。その中で中学軟式について言うと、まず私たちの場合は夏の「全軟」を最大の目標にしているので、横浜スタジアムで試合ができるというのが大きなモチベーションの1つだ。キレイな人工芝が整っており、プロ選手も使用する一流の球場。都会の街並みにも触れることもでき、普段とは見える景色がまったく違う。子どもたちには、ぜひその素晴らしさを味わってほしいと思っている。

また野球の試合そのものを見ると、春夏の「全軟」、夏の「全中」などはやはりレベルが高い。軟式野球はなかなか点の入りにくいスポーツで、緊迫した投手戦になることが多い。その中で、いかに全員が協力して得点を重ねていくか。「このチームはこの部分を大事にして戦っているんだな」「こういう1点の取り方にこだわってきたんだな」という部分がそれぞれに見えるのも面白い。

これはあくまでも個人的な感想だが、打力の高いチームというのは実はあまり怖くない。たしかに周りには強そうな印象を与えるが、打力はバッテリーの配球などによってても変わってくるものだからだ。いくらすごい打者がいたとしても、軟式でホームランなどの長打を打つには投球を完璧にとらえなければならないし、野球はバッテリー主導で試合が進むもの。シンプルに打ってくることが分かっていれば、落ち着いて打者との勝負に集中できる。

逆に走力の高いチームを見ると、私は「このチームは手強いな」と感じる。積極的に盗塁を仕掛け、隙あらば先の塁を狙おうとしてくる。また、出塁した走者が守備側にプレッシャーをかけ、打者が小技を駆使して連携してくる。そういう攻め方をしてくるチームが相手だとペースを乱される可能性があり、本来なら守備側にあるはずの主導権を封じ込められてしまうのだ。だからこそ、私たちも普段から走塁や小技などを重視しているし、相手に対してプレッシャーを与えられる野球をしようと考えている。

なお、走塁などは特に積極果敢な姿勢がそのまま表れるものだが、現代の子どもた

攻撃と守備は表裏一体。星稜中では常に
積極的な走塁を求めており、その姿勢が
守備力の向上にも役立っている

ちを見ていると消極的な考え方をする選手が多い。失敗したら恥ずかしい。ミスしたら周りから責められる。そう考えるため、勇気や冒険心がとても少なく、「監督を怒らせなければいいいだろう」などと無難なプレーをしてしまう。

だが、それでは目標とする日本一には辿り着けない。エラーをしようがアウトになろうが、とにかく失敗を恐れずに攻めていく姿勢。その強い気持ちこそが大きな成長につながり、勝利を生むのだ。周囲からはまだまだ「星稜中は厳しいね」と言われることも多いが、私自身は厳しさが薄れていると思うし、選手たちの意識も全体的に下がってしまっていると思う。少なくとも10年ほど前までは「絶対に上手くなってやるんだ」「監督に勝ってやるんだ」という意気込みを感じたが、今では「星稜中に来たら上手くなれる」と思われている節がある。そこを何とか打破して、星稜のプライドを植え付けさせたい。それがこれからの課題だ。

さまざまな経験を積ませて星稜の伝統を守っていく

私は星稜中や星稜高のOBとして、そして指導する立場として、星稜の伝統を守っていく義務があると思っている。人間形成はもちろんのことだが、勝ち負けにもこだわっていかなきゃいけないし、選手個々の能力を上げていくという責任もある。

また星稜中のユニフォームは高校とまったく同じデザインで、昔からずっと変わっていない。スクールカラーの黄色をベースにして、山下先生がデザインを考案。胸の「星稜」の文字は初代校長の松田覚神先生の直筆だ。中高で一貫していこうという想いと歴史が詰まっているユニフォームだからこそ、選手たちには中途半端な気持ちで袖を通してほしくないし、チームの代表として背番号をつけることの重みも理解してほしい。その想いはずっと変わらない。

私自身、星稜には感謝の想いが尽きない。

もともと中学2年の冬に椎間板ヘルニアを患ったため、選手を断念して高校では野球を辞めようと考えていた。ただ、両親が「レギュラーの気持ちも補欠の気持ちも分かるだろうし、縁の下の力持ちになって支えるのも1つの人生だ。山下先生にお願いして、裏方でもいいから人生のために勉強してきなさい」と。そこで山下先生にマネージャーとしての入部をお願いすると、快く引き受けてくださったのだ。私はそのときに「山下先生を日本一の男にしよう」と決め、監督と選手をつなぐパイプ役になることを目標に毎日を過ごした。3年春のセンバツは背番号16、3年夏の甲子園は背番号13でベンチ入りをさせてもらい、大舞台で三塁ベースコーチも任せてもらえた。

これは星稜でなければ経験できなかったことだと思う。そして、今の指導にも大きく生きている。選手たちには全国大会での心構えをアドバイスできるし、たとえば高校野球を見据えている子には「甲子園に出たらスタンドに5万5千人もいて、とにかく歓声がすごいんだよ」とか「浜風があってレフトの打球は伸びるし、ライトの打球は押し戻されたりセンターに流されたりするんだよ」とか「エアーポケットは二遊間がしっかり追わないとダメだよ」などと教えられる。実際に経験しているからこそ、説得力が生まれてくる。

経験は大きな財産だ。そういう意味でも、星稜高が強豪として結果を残してきたことは大きなアドバンテージだし、中学軟式の全国大会を子どもたちに経験させてあげることは私にとって大事な仕事だと思っている。全国の強豪と真剣勝負をすることで自信につながり、視野も広がる。2019年夏の甲子園準優勝を2年生で経験した内山や荻原吟哉、知田爽汰なども中学時代に日本一の経験があり、また練習試合などでも有名なチームと対戦を重ねているので、名前負けをしたり相手のオーラに呑まれたりすることがなかった。上級生に囲まれながらも堂々と、そして伸び伸びと戦っていたような印象があるが、彼らはしっかりと経験を生かしていたのだと思う。

星稜中の野球部には、もともと星稜のユニフォームへの憧れを抱き、星稜高へ上がって野球を続けることを目指して入部した選手も多い。私もその良さを知っている人間なので、そのまま星稜高に上がって野球を続けることを勧めている。ただし、これまでには家庭の事情や本人の希望などで、他校に進学した子もいる。また、野球を断念した子も決して少なくはない。だが1人の教育者として言わせてもらえば、本人と両親が相談して悔いの残らない人生を送るために出した決断なので、そこは尊重しよ

田中監督が初めて日本一を成し遂げたのは
2007年夏。まさに「人間性も野球も日本一」
をしっかりと実現したチームだった

うと思っている。

伝統という部分では、ありがたいことに星稜高のOBやOGのきょうだいや子どもが星稜中によく入ってきてくれる。こうしたつながりの深さも星稜の強みだ。甲子園で有名な選手だった諸先輩方の子どもを預かることなどもあり、私にとっては大きなプレッシャーだが、逆に言えば星稜の野球がそれだけ愛されているということ。私は歴代OBの中でも一番の〝山下野球〟の継承者だと自負しているし、その魂がずっと残っているからこそ、多くの方々が温かくサポートしてくれているのだと思う。

星稜高に進んだ先輩たちを見て星稜中の後輩たちが伝統をつくる

星稜中で育った選手たちが星稜高でも活躍している姿を見るのは、すごく嬉しいことだ。中学校と高校のグラウンドはすぐ近くにあるが、積極的に交流を図ったり、あるいはお互いに連携を取って何かを行うということは基本的にはない。ただ、星稜高の指導スタッフも山下先生の教え子であり、根本に流れている血は同じ。また星稜高の野球部に活気があると「先輩たちに続け」「追いつけ追い越せ」ということで星稜中も盛り上がるもので、大いに刺激を受けている。

星稜高が大会に出場する際は、タイミングが合えばチームで応援に行くこともある。知っている先輩も試合に出ている中で、高校生の動きのスピード感、肩の強さ、スイングスピード、体の大きさやパワーなどがリアルに伝わる。まさに「百聞は一見にしかず」で、現場でプレーを見ることで「あぁ、俺たちはまだまだだな」と感じてくれる。これもすごく大事なことだ。実際、高校生の試合を見たことで意識がガラッと変わり、トレーニングや走り込みに対する取り組み方が良くなった選手も現れてくれる。

さらに星稜中の場合、高校の野球部に上がったOBが早めに練習を終えたときには、そのまま私たちのグラウンドに顔を出してくれることもある。悩みを抱えているときなどもあり、「練習を見て気が晴れました」「監督の顔を見たら気合いが入りました」と。星稜中のグラウンドが原点であり、初心に戻れる場所だと思ってくれていることは非常に嬉しい。

逆に彼らが来てくれることで、現役の中学生もいい影響を受けている。憧れの先輩が自分たちを見ているということで気持ちも入るし、逆に「あんなにすごい人が悩みを抱えているのか」と驚いているときもあるが、そこで私はこう言う。「アイツだって高校では苦労して伸び悩んでいるんだよ。だから原点に戻って、中学生のみんなと一緒に練習したいって言っているよ。あのスーパースターでも苦しむんだから、キミたちはもっとやらなきゃダメだよね」。そうすると選手たちも「あぁ、そうだよな」と納得してくれる。

そして、グラウンドに来てくれたOBたちには「後輩たちにぜひ手を見せてあげてほしい」と言う。手のひらのマメを見せたり、握手をさせてゴツゴツ感を味わわせたりすることで、「これくらいバットを振っているのか」と実感させるためだ。また一緒にシートノックに入ってもらって、身のこなしやスピードなどを体感させることもある。後輩はやはり先輩の後ろ姿を見て育つもの。生きた教科書が何人もいるというのも星稜中の大きな武器であり、これが伝統として積み重なっているから私たちの今があるのだろう。

２０２１年、星稜中学校・高等学校では新たに総合寮「ＧＲＯＷ ＤＯＲＭ」が完成し、県外からの生徒を受け入れる体制も整ってきた。星稜中の場合はあくまでも学力重視だが、星稜高にはスポーツ推薦制度があり、今後は全国から選手が集まってくるかもしれない。つまり星稜中の野球部員たちには、高校に上がっても今まで以上に厳しい競争が待っているということだ。ただ、星稜高が低迷していると言われた時期にも星稜中出身の選手たちが頑張って礎を築いていたと思うし、だからこそ現在の星稜高の活躍がある。これは胸を張って言える。野球の能力は高くないとしても、精神面や人間性の部分では絶対に負けない。そういう人材を高校に送り出したいと思うし、もちろん能力も伸ばしてあげて、今後も星稜中の選手たちが屋台骨として星稜高を支えられるような指導をしていきたいと思っている。星稜中野球部が星稜高校野球部の土台にもなる。そういう信念を持って、これからも〝人間形成の野球道〟に励んでいきたい。

2021年に完成した星稜中学校・高等学校の総合寮
「GROW DORM」。県外から入学できる環境も整い、
今後はさらなる活性化が期待されている

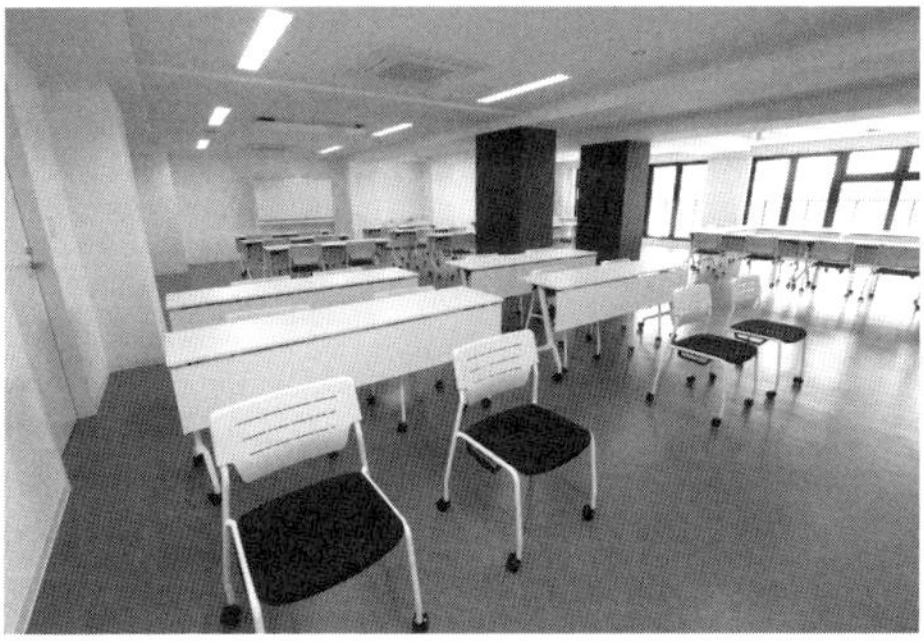

おわりに

野球界では近年、競技人口を増やして野球を普及させることが大切だと叫ばれている。小・中学生の野球というのはまさにその土台。中学軟式に長年携わってきた身としては、やはり全体を盛り上げてレベルアップさせていきたいという想いが強い。

２０２１年で監督21年目。これまで切磋琢磨してきたチームの先生方はすでに高校野球の世界に行ったり退職されたりしていて、気付けば周りにはもう私よりも年輩の方がいなくなってきた。それだけ年を取ったと思えば感慨深いが、今度は私が若い指導者たちを引っ張って、次世代につなげていかなければならないという使命感もある。そしてお世話になってきた中学軟式の世界に恩返しをしたい。もちろん、「まだまだ若い指導者には絶対に負けない」という強い気持ちで戦うつもりだ。

さらに子どもたちに伝えていきたいのは、とにかく野球を好きになってほしいということ。野球は細かいルールも多くて頭を使えなければ上手くいかないスポーツであり、１つの球をみんなで追いかけることでチームワークを育てるスポーツでもある。

また、大人になって社会で生きていくために必要な要素もたくさん詰まっており、ものすごく奥の深いスポーツ。何事も好きにならなければ上手にはならないので、興味を持って取り組んでほしいと思う。

そして、道具を大切にすること。ある程度はチームで用意する部分もあるが、グラブやスパイク、ユニフォームやバットなどは基本的にすべて自分で用意するものだ。じゃあそれは誰がくれたのかというと、お父さんお母さんが汗や血を流し、苦労しながら働いて得たお金で買ってくれたもの。そうやって手に入れた道具を粗末に扱う者には、野球をする資格はない。私は選手たちにそう断言しているし、実際に道具を磨いていない場合は練習への参加やグラウンドへの立ち入りを禁止している。

道具への感謝。親への感謝。野球をやらせてもらえることへの感謝。学校へ通って勉強ができることへの感謝。その心を強く持つことが野球をするための最低限の心構えだ。そして、「野球」という教科書を使って、ぜひ人間性を学んでほしいなと思う。

田中辰治監督　全国大会成績

（全中＝全国中学校大会、全日本夏＝全日本少年大会、
全日本春＝全日本少年春季大会）

星稜中学校

2001年	全日本夏	1回戦	●	0対1	杵築中クラブ（大分）
2002年	全日本夏	2回戦	○	4対2	板櫃クラブ（福岡）
		準々決勝	○	3対1	三原クラブ（兵庫）
		準決勝	●	1対5	いわき松風クラブ（福島）
2003年	全日本夏	2回戦	●	2対3	多久中央中クラブ（佐賀）
2007年	全日本夏	1回戦	○	7対3	バイキングジュニア（大阪）
		2回戦	○	6対1	横浜鴨居中クラブ（神奈川）
		準決勝	○	1対0	高松市立桜町中学校クラブ（香川）
		決勝	○	9対1	北九州市立若松中学校クラブ（福岡）
2008年	全中	1回戦	○	1対0	清水飯田（静岡）
		2回戦	○	3対1	香芝東（奈良）
		準決勝	○	6対1	七林（千葉）
		決勝	○	2対0	東海大翔洋（静岡）
2010年	全日本春	1回戦	●	0対3	埼玉NORTH（埼玉）
2011年	全日本夏	1回戦	●	6対7	竜王ジャガーズ（滋賀）
2012年	全中	1回戦	○	5対0	野市（高知）
		2回戦	○	8対3	並榎（群馬）
		準々決勝	○	2対0	千代川（茨城）
		準決勝	○	5対3	大東（島根）
		決勝	●	5対6	学文（兵庫）
2013年	全日本夏	2回戦	○	6対3	白橿（奈良）
		準々決勝	○	1対0	天王南中クラブ（秋田）
		準決勝	●	2対3	高田中クラブ（大分）
2014年	全日本春	1回戦	●	3対6	城東クラブ（岩手）
	全日本夏	1回戦	●	3対5	善通寺市立東中学校クラブ（香川）
2016年	全日本夏	1回戦	○	4対0	横須賀ファイターズ（神奈川）
		2回戦	○	3対2	久保（三重）
		準決勝	○	4対0	茨城オール県南（茨城）
		決勝	○	6対1	倉敷クラブ（岡山）
2017年	全日本春	1回戦	○	3対0	長門クラブ（山口）
		2回戦	○	2対1	門真ビックドリームス（大阪）
		準々決勝	○	6対0	伊東市立南（静岡）
		準決勝	○	6対2	明徳義塾（高知）
		決勝	○	3対0	秋田クラブ（秋田）
	全日本夏	1回戦	○	3対1	竜王ジャガーズ（滋賀）
		2回戦	○	4対2	県西選抜（茨城）
		準決勝	○	1対0	南星（沖縄）
		決勝	●	1対2	西京ビッグスターズ（京都）
2018年	全日本春	1回戦	●	1対2	大田市立第二（島根）
2019年	全日本春	1回戦	●	1対3	川崎市立富士見（神奈川）
2020年	全日本春	新型コロナウイルス感染拡大の影響により中止			
2021年	全日本春	新型コロナウイルス感染拡大の影響、緊急事態宣言の延長を受け9月に延期			

星稜中学校野球部 全国大会成績

年	全日本春	全日本夏	全中
1986	—	準優勝	
1987	—		準優勝
1991	—	ベスト8	
1992	—		第3位
1993	—		優　勝
1994	—		第3位
1995	—	第3位	
1996	—	優　勝	
1998	—		優　勝
1999	—		1回戦
2000	—		準優勝
2001	—	1回戦	
2002	—	第3位	
2003	—	2回戦	
2007	—	優　勝	
2008	—		優　勝
2010	1回戦		
2011		1回戦	
2012			準優勝
2013		第3位	
2014	1回戦	1回戦	
2016		優　勝	
2017	優　勝	準優勝	
2018	1回戦		
2019	1回戦		

※全日本少年春季大会は2010年より開催

星稜中学校野球部

1963年に星稜高等学校が創立。中学校は、その11年後の1973年に金沢経済大学星稜中学校として創設。中高一貫教育を前提とした教育体制により、勉学、部活動ともに成果を上げている。野球部は1986年全日本少年大会で準優勝すると、翌87年の全国中学校大会でも準優勝を果たす。以後、全国トップの実力をキープし、日本一７度の実績を誇る。

田中辰治（たなか・たつはる）

たなか・たつはる：1977年生まれ、石川県出身。星稜中では捕手として活躍。星稜高校ではマネジャー兼三塁コーチャーとして、夏の甲子園準優勝を経験。金沢星稜大学時代は星稜高校のコーチを務め、2001年に星稜中の監督就任。全国大会に18回出場（20年は中止、21年は秋に延期）し、全国中学校大会優勝１回、準優勝１回。全日本少年夏大会優勝２回、準優勝１回、３位２回。全日本少年春大会優勝１回の実績を誇る。厳しくも愛情のある指導で、高校より上の世代で活躍できる選手を毎年輩出している。

人間《にんげん》性《せい》も野球《やきゅう》も"日本一《にほんいち》"
星稜中学校《せいりょうちゅうがっこう》野球部《やきゅうぶ》の最強《さいきょう》チームづくり

2021年 6 月 4 日　第1版第1刷発行
2021年10月29日　第1版第2刷発行

著者　田中辰治《たなかたつはる》

発行人　池田哲雄
発行所　株式会社ベースボール・マガジン社
〒103-8482
東京都中央区日本橋浜町2-61-9　TIE浜町ビル
電話　03-5643-3930（販売部）
03-5643-3885（出版部）
振替口座　00180-6-46620
https://www.bbm-japan.com/

印刷・製本　大日本印刷株式会社

Printed in Japan
ISBN 978-4-583-11365-4　C0075